文案爆炸

轻松写出打动人心的
销售文案

赵慧 著

人民邮电出版社

北京

图书在版编目（CIP）数据

文案爆炸：轻松写出打动人心的销售文案 / 赵慧著
. -- 北京：人民邮电出版社，2018.12（2021.1重印）
ISBN 978-7-115-49571-6

Ⅰ．①文… Ⅱ．①赵… Ⅲ．①销售－应用文－写作
Ⅳ．①F713.3

中国版本图书馆CIP数据核字(2018)第236999号

内 容 提 要

不得不承认，乘着互联网的东风，1个优秀的文案人已远远强过100个销售员。

为什么传统推销越来越失效？为什么用户不买你的产品？并不是因为产品不好，而是在用户心中缺少对产品的认知，缺乏对品牌的信任。互联网时代，人们已对大量的信息轰炸产生免疫，在他对产品价值一无所知的情况下，强力的推荐与促销都毫无意义。因此，在保证产品质量的前提下，把产品当作工具，需要做到以人为本：挖掘用户需要解决问题的需求甚至更深层次的欲望，在产品价值与用户欲望之间给出一个无法拒绝的成交主张，让他享受竞品给不了的好处。

文案本身无用，把成交主张快速传递到用户心智的方法才有用。本书汇集作者近10年服务200余家企业的营销实践，和与400多名创业者、营销人交流中提炼出的可行性方法，把你的主张深深"钉"进用户脑子里，引发共鸣，让他的认知无限接近你的期望，从而愉悦成交！

◆ 著　　　　赵　慧
责任编辑　恭竟平
责任印制　周昇亮
◆ 人民邮电出版社出版发行　　北京市丰台区成寿寺路 11 号
邮编　100164　　电子邮件　315@ptpress.com.cn
网址　http://www.ptpress.com.cn
涿州市京南印刷厂印刷
◆ 开本：700×1000　1/16
印张：14　　　　　　　　　　　2018 年 12 月第 1 版
字数：235 千字　　　　　　　　2021 年 1 月河北第 11 次印刷

定价：49.80 元

读者服务热线：(010)81055296　印装质量热线：(010)81055316
反盗版热线：(010)81055315
广告经营许可证：京东市监广登字 20170147 号

　　再小的个体，也有自己的品牌。这本书某些章节让我感触很深，比如怎样挖掘企业和产品的独特卖点，在同质化竞争中胜出。如果掌握了这些技巧，能为销售成功增加不少胜算。

大连辽参湾海洋食品有限公司总经理　段喻

　　目标市场在哪里，营销就在哪里。价格要低而有节，高而有理。这是我非常认同的观念，在这本书里得到很好的体现。这本书给出用文案引导用户思维的很好的方法，其文案技巧也反映出作者有着丰富的实战经验，是值得细读的一本文案干货书。

智灵智业营销策划有限公司创始人　吴玉平

　　我与赵慧老师曾经合作过，她是一个逻辑极其清晰、对营销有着独到见解的营销策划人。她曾与我探讨，传统企业想突破，就要突破老式推销思维，不要只说自己产品、技术有多好，而是要真正使用用户思维，解决用户需要解决的问题。

大连合乐屋时尚餐饮管理有限公司创始人　董晶波

　　小米创始人说过，90%的互联网项目是"死"在文案上。我与赵慧有过很多合作，她的文案功力非常了得。这本《文案爆炸 轻松写出打动人心的销售文案》总结得比较全面，几乎涵盖所有常见文案难题，是一本文案人和营销从业者的实战教材。

大连唯佳营销策划有限公司创始人　潘明汐

　　这是一个全员营销的时代。机构不管大小，从上到下都要做宣传，因此需要文案。很多非营销或非策划部门的人员会反映，发朋友圈都不知道该怎么写，更别说写文案了。这本书正好解决此类难题。我会把它作为我公司全员营销的学习教材。

香港一方酒业发展有限公司、德国哈根啤酒有限公司董事长　孔庆连

今天，文案变得更重要还是不重要了？

有人说，写文案是 21 世纪生存的必备技能。在自营销时代，人人都要会写文案。

无论什么行业，无论你做得多好，如果不说出来，不写出来，不被别人所知，你永远成不了专家，也做不成品牌。

古代就有"武大郎炊饼"这样的招牌，放到现代，很多人在某领域不一定做得多么出色，比如西少爷肉夹馍，真的比其他店里的肉夹馍好吃吗？不见得，但是凭借一篇《我为什么要辞职去卖肉夹馍》的文案，他做成了人尽皆知的品牌。锤子手机真的好用吗？众说纷纭，但是凭借一手好文案，也是做得风生水起。

但是另一方面，文案的作用也在被人怀疑。在我写这本书的时候，看到知乎上有个言论：现在，文案只是一个边缘化的工作，对卖产品没有太大的作用。

百雀羚广告火了，转化率却不尽如人意。

"穿衣用有范，争取不犯二。"广告语被观众记住了，有范却停止运营了。

可口可乐全球首席营销官马科斯德昆特（Marcosde De Quinto）说：从 2014 年至今，可口可乐公司广告费每付出 1 美元，传统广告回报 2.13 美元，数字广告回报仅 1.26 美元，只是传统广告的一半！

营销人都在吐槽：广告越来越失效了。

老板们怀疑：这届用户不行？

文案从业者哀叹：辛辛苦苦码字 3 个通宵，改稿 18 遍，不如小鲜肉明星说一句 freestyle（即兴说唱）！

这是不是意味着广告已经失去了意义？

那么，在这个时代，文案变得更重要还是不重要了？

在下结论之前，我们必须承认：天，真的变了。

第一，10 年前（脑白金时代）在中国，做营销比的是谁有钱，广告播放频率高，品牌曝光度大。而现在，在有限的用户增长前提下，竞争者却越来越多了。从电视时代到门户时代，到搜索时代，到社交时代，再到自媒体崛起，用户的注意力在逐步被打乱，大家越来越不耐烦，让今天的营销变得越来越艰难。只要你的广告没有"内容"，不能迅速"抓人眼球"，立即关掉，毫不犹豫。目前大量的传统广告都在浪费钱。

第二，营销专家小马宋有一篇文章叫《流量都去哪儿了？》，里边提出过：（广告）即使成功吸足了眼球，引发看客的围观，评论，刷屏，转发，扩散……但之后呢？看客有没有用人民币表示支持，有没有从内心认可你的品牌？这的确是一个让营销人尴尬的问题。

第三，越来越看不懂现在的年轻人了。马化腾曾公开表达过这种担忧："年轻人在互联网上喜欢的东西，我越来越看不懂，这是我最大的担忧。美国阅后即焚的 Snapchat（色拉布，一款照片分享应用）非常火，12~18 岁的女生特别喜欢玩，但我自己用起来却觉得没什么意思。可能是我在这个行业里太久了，变得不接地气了，不知道现在的年轻人喜欢什么了，这是我觉得最可怕的。每天早上醒来最大的担心就是不知道以后互联网主流用户的使用习惯是什么。"很多营销人面对完全不按套路出牌的广告，惊讶得掉了下巴："原来还可以这样玩！"

由此看出，并不是广告无效了，文案不重要了，而是广告的大环境已经变了，用户心智变了，而很多传统的营销人还躺在过去的辉煌上独自狂欢，应对变化的方式太滞后了！

总的来说，广告已经从曝光率之战转变为争夺用户心智的战争。社交营销带来了内容和互动的变革，文案的作用不再只是告知，而是更深层的打动和说服。

这种改变导致过去的很多结论都需要做出调整了。很多广告理论风靡 20 年，但是直接运用于现在，可能效果就打了折扣。我写这本书的目的，就是把大师的言论翻新，加入这个时代特有的印记，与时俱进。

也许你看了很多营销、文案公众号，很多大咖提出的新奇概念的确比我高出几个段位。但碎片化的阅读，虽然篇篇看上去都有道理，却并不能形成一个完整的知识体系，文案水平也不能得到阶段性的提高。所以，我要做的就是把一切碎片化的理论系统化。文案，到底讲究策略还是讲究创意？做品牌还是重销售？突出产品还是唤起情感？这一切，都将在这本书中予以详细解读。我敢保证，读完本书，你就相当于读了 20 本以上的专业广告营销书。

　　我没进过 4A 广告公司（源于 the American association of adrertising agencies，美国广告代理协会，后来世界各地以此为标准，形成地区性的 4A 广告公司），没服务过世界 500 强，论讲概念，市场营销专业的大学生提出的专业名词都比本书中专业很多。但我是一个真正的实践者，一个靠文案卖货生存的人。我做过员工，做过管理，也自己做过老板，后来进入咨询行业，接触过几百位老板，我懂得老板的焦虑，也懂得文案人的迷茫，你现在遇到的问题我都曾遇到。我知道怎样通过文字的力量，改变初入行文案的成长轨迹，怎样将文案落地，真正为销售服务！

　　我服务的都是中小企业，但是这样更有利于我的发挥。你的文案毁不掉一个世界 500 强公司，却可能帮助一个小企业走出当前困局。当你熟悉了客户的商业逻辑后，你就不再是一个每天被逼改稿的憋屈的文案创作者，而是一个可以得到客户尊重的策略顾问。

　　所以作为文案人，暂且别用小公司圈定和否定自己，每当你觉得小公司鱼池不够大的时候，你要告诉自己：如今赫赫有名的奥美公司，也是大卫·奥格威 1948 年以 6 000 美元创办的。小公司可能会埋没你的名气，但并不会埋没你的能力。

　　在我的经历中，不乏明明只有一个 200 平方米的门店，非要模仿跨国大集团做文案的老板，这显然是不靠谱的。适用于大公司的文案放到小公司一样行不通。很多老板不懂这一点，从 500 强大公司重金挖来一个"螺丝钉"就提拔为总监，结果此人到了小公司根本不能独当一面。因为大公司通常会头脑风暴，会追求创意，而小公司大多是一个萝卜一个坑，老板只会跟你说：我要的转化率呢？

　　理论和现实总是有一定差距。正如我原本看了网络上某某专家的理论，各种概念翻飞，被很多文案奉为"神明"，后来据说他给某品牌做的文案，投放后销售数据很难看。我研究了那一整个系列的广告，发现产品已被喧宾夺主，文字倒是脑洞大开，完全变成了专家一个人的文字狂欢。

　　还有的专家，拿着一个给知名公司做的成功案例说上好几年。对于这种情况，我们真的应该理智对待，成功固然有其成功的原因，但大多数的成功是不能反推的，你不能说脑白金成功了，它的文案就做得多么好，不信你自己模仿试试？

你如果身在 4A 广告公司，接手的都是苹果、奥迪、香奈儿这样的案子，那你可以随便去做，一句广告词是不会毁掉这些伟大的公司的。但如果你没那么幸运，你服务的只是中小型企业，那么，把这本书读一遍，还是有收获的。

市面上各种文案培训课程很多，这里边也是鱼龙混杂。更可笑的是，有些号称文案培训师的专家，根本没有亲自做过几个案子，或者根本没有做过赚到钱的成功案子，就敢上去忽悠。就像一个从来没有当过老板的人，上去给一群老板培训商业，培训格局。不得不感慨，这个时代，人们都太浮躁了。

虽然我写了这本书，但我还是要说：尽信书，不如无书！如果你的时间不是很充裕，不要去读大学里各种营销学专家教授写的理论书，更不要花重金报个培训班，到头来发现，讲师从来没有营销经验，他能做的就是买一本大师的书，照着上面忽悠。

这个时代人人都焦虑，但不要因为焦虑而失去判断力！不管是看别人的成功作品还是听培训课，都要带着脑子。

做文案的人众多，其中不乏只将其作为谋生手段者，而我属于真正热爱这个行业的少数人。我把文案当作一种信仰，一种神圣的值得去认真钻研的学问。我从来不会低估它的价值，并且拥有 9 年的从业经历，其中也备受改稿的煎熬考验，但都未能破灭这种热情和喜爱。

至今我都认为，做文案是一件非常有成就感的事情，丝毫不比研发出一个新产品的成就感小。

今天，写文案成了一种趋势，也是一种技能。在这样一个内容为王的时代，不管你是企业老板、自媒体人，还是专业文案撰稿人，都应该花时间来学习怎样将你的文案做得更出色，更有效。

除了销售产品之外，写文案可以培养你换位思考的能力，让你成为一个好的沟通者，一个情商更高的人，助你所向披靡，未来转型也更容易；写文案可以提高你的自我包装能力，让你在一大帮竞争者中脱颖而出，晋升指日可待；写文案可以让你变得更善于表达，讲话更加有逻辑性，观点明确清晰，谈判技巧不自觉地提高，成为大业绩创造者。

总之，任何人如果掌握了文案这种技能，都足以衣食无忧，并且有更多的机会实现逆袭，让你的收入翻倍。如果你愿意成为自由的文案撰稿人，你可以享受更多的自由时间，只要带上一台笔记本电脑，你就可以在世界上任何地方工作，就像此时的我一样。

　　本书的每一章都是围绕一个困扰着大多数文案人的问题而展开，是我根据多年来与同行和客户的交流提炼出来的。虽然很多人回答过，但大多较为零散，我运用自己工作中的经验总结，也结合了众多前辈的智慧结晶，整理出了一套比较系统的方法，使文案的知识结构更加条理化，希望你在接下来的章节中能够有新的收获。

网上购物，用户靠宝贝详情页了解商品，促成交易成功！

微商卖货，用户首先看的是朋友圈文案，其次才是产品！

自媒体公众号，一篇推广文章促成的销量，可能与实体店年销量抗衡！

互联网时代，文案的力量更加不可小觑！好文案能够直接创造利润！胜过无数销售员！

自营销时代，写文案也成为了每个渴望成功的人的应备技能。

这本书，以销售结果为导向，还原文案的商业价值，以策略指导文案，让文案为结果负责，让文案直接生成转化率。

文案老手、商务咨询公司实战派策划师9年从业经验，浓缩成这本书奉献给您。

本书的每一章都是围绕文案创作中会遇到的一个普遍问题而展开，这些问题从目标、策略、表述方式等不同的角度着手，使文案的知识结构更加条理化，更加系统化。

本书也与时俱进，针对互联网新形势，对传统的文案理论做出了一些改进和调整，赋予其这个时代的文案特色，方便即学即用。

因受作者水平和成书时间所限，本书难免存有疏漏和不当之处，敬请指正。

本书特色

（1）一本明确以销售为导向的文案书！面向文案从业者、个体创业者的实用文案卖货指南！

文案里藏着你的"钱途"。本书明确以销售为导向，教会你一个在互联网时代变现的技能，无论你是文案从业者还是个体创业者，本书都有非常强的实用性和可操作性。让文案不再是纸上谈兵，而是写了就能销售任何产品，发了就能从中获取可观的收入，让文案真正成为你赚钱的工具。

（2）9年文案老手、商务咨询公司实战派策划师力作，经过市场检验的文案精髓总结！

有很多文案类的课程偏理论性，而本书介绍的所有文案技巧，都是作者在从事营销顾问工作9年之久、服务300多家各类企业的实战经验中提炼出来的，每一个问题都是文案人经常会遇到的痛点或疑惑。每一章的讲授都不是死板教条式的，而是犹如你的一位老朋友在与你交谈，穿插作者本人的亲身经历，帮助你缩短成为文案高手和营销达人的时间。

（3）即学即用的实战文案写作技巧揭秘，适合不同层次的读者快速掌握。

对30多个文案写作中的常见问题进行全面解答！从文案的目标确立、用户洞察、文案语言、生成思路等方面多点击破，堪称完整的文案知识手册。200余个文案实例甄选及分析，行文深入浅出，即学即用的实战文案写作技巧揭秘，你不需要是天才，也不需要具备强悍的天赋，就能一看就懂，一看就会，适合不同层次的读者快速上手。

本书内容及体系结构

第1章　月薪3 000元与30 000元的文案人真正的差距

同样是文案，为什么别人轻松月入30 000元，你只能拿到区区3000元？做个好文案，需要具备什么能力？本章从文案的本质入手，揭开高手与小白文案人之间的差距奥秘，引导读者明确文案属性和努力方向。

第2章　用户讨厌营销，怎么破？

人人都讲"用户思维"，到底什么才是真正的用户思维？利用用户思维可以在文案上做何突破？针对用户讨厌营销的心理，文案可以做出哪些改变？本章教你将文案与用户之间建立起联系，让你的文案有的放矢。

第3章　看了你的文案，用户马上在别人家下单了

广告满天飞的时代，你的文案凭借什么赢得关注？同质化严重的时代，用户凭什么选择你？你还在替同行打广告吗？本章详细讲解如何用文案与用户建立紧密的关系，从吸引眼球到占领心智，助你从竞争红海中突围而出。

第4章　为什么卖那么贵？

你的产品为什么那么贵？90%以上的营销人都经历过用户类似的拷问，这个问题也让大多数企业和销售人员头疼不已。如何让普通人买点高档品？如何把低价品卖给有钱人？本章从价格入手，揭开用文案塑造产品价值的奥秘，让你避免价格战，赢得合理利润。

第5章　洞察：如何赢得人心巧卖货？

你熬夜写出的文案，为什么销售情况却不尽如人意？你的文案把自己都感动哭了，用户为什么依然不买账？人性一直是营销的难点，谁最懂人性，谁就

最能得用户心。本章详细讲解人性的特点，让你钻到用户脑子里做营销，做那个最懂他的人。

第6章 高大上的文案，用户买账吗？

很多人对自己的文笔不太自信，很多人以为华丽大气就是好文案。高大上还是接地气，文案到底该怎样选择？什么样的文字能够吸引眼球并打动用户？怎样的文案才能做好"纸上推销员"？这一章着重讲解如何做个会说话的文案。

第7章 几类常见文案的差异化写法

网店文案、公众号文案、微商朋友圈文案，不同的平台，文案该如何写？面向女性的文案，针对"90后"的文案，不同的用户群体，文案又该做何变化？了解常见平台的差异化，了解核心群体的爱好取向，你的文案会更容易被接受。

第8章 憋不出来文案怎么办？

坐在电脑前苦思冥想而不得，敲下几个字又马上删掉，你是否有过接到文案任务时一筹莫展的情况？文案不是绞尽脑汁就能想出来的。本章教你从模仿借鉴开始，所见所得皆是素材，走上快速成长的文案之路。

第9章 一个文案人的进化

为什么有的人做了10年文案，却被一个入行1年的文案新人轻易超越？文案真的是靠天赋吗，还是有什么捷径？到底什么样的学习才能弯道超车？本章详细讲解文案思维，教你拿到任务时如何思考，做完任务后如何复盘，学会深度思考，让你的文案发生质的飞跃。

第10章 一个文案人的自省

文案在企业内是一个什么地位？做文案是吃青春饭吗？30岁以后还能做纯文案吗？文案人未来将何去何从？这一章从文案的个人职业规划出发，分析文案人未来的发展方向，解决文案从业者的焦虑。相信你读完后，会有新的感悟和期待。

本书读者对象

（1）想入行或初入行的人。

（2）初创公司的老板。

（3）销售人员。

（4）自由职业者。

（5）互联网营销人员。

第 3 章　看了你的文案，用户马上在别人家下单了

第 4 章　为什么卖那么贵？

第 7 章　几类常见文案的差异化写法

第8章 憋不出来文案怎么办?

第9章 一个文案人的进化

第 10 章　**一个文案人的自省**

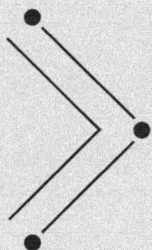

第 1 章

月薪 3 000 元与 30 000 元的文案人真正的差距

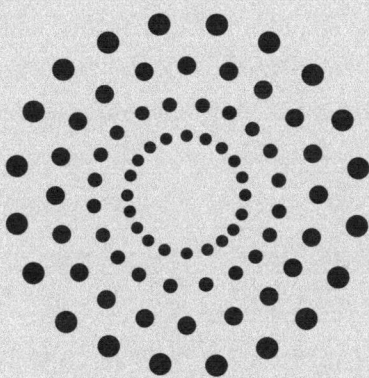

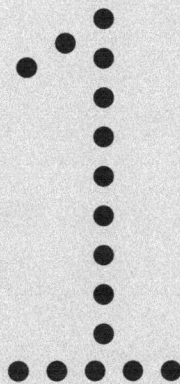

1.1　月薪3 000元的文案人，差在哪里？

网络上有过一篇爆文：《月薪3 000元与月薪30 000元的文案的区别》。该文提出了"互联网味"文案的诸多理论，不可否认，这些都是极其有意义的，但笔者认为，月薪3 000元与30 000元的文案人真正的差距就在于：你能不能为结果负责！

这世上所有的权利和责任都是对等的，薪酬越高，责任越大。文字写得天花乱坠，如果写完就甩手，不能保证产生转化率，不能赚到钱，那自然价值不大。而月薪30 000元的文案，不管公司如何定岗，实际上他已经是个能独当一面的操盘手了。

1.1.1　好文案，不简单

"小赵，这个营销案例不错，去做一个类似的文案！"

"小赵，去写一段有文采的企业介绍！"

前几年做文案的时候，领导经常是这样跟我交流的。而当初笔试的时候，凭借一篇洋洋洒洒的800字文章，工科毕业的我，居然击败了几十个中文系、新闻系科班出身的才子，进入了企划部。我也一度引以为傲。

但渐渐我发现不是那么回事了。老板和同事向别人介绍我的时候，总是说"就是那个文笔好的"。如果现在我写完文案，别人夸一句"文采真好"，我一定想骂他，我认为这是对文案的侮辱！

奥格威老先生有句名言：We sell, or else.（我们销售，否则我们什么都不是。）

时隔半个世纪，这句话依然是真理。

美国营销泰斗盖瑞亥尔波特曾用仅 350 字的销售信，创立了一家拥有 700 万客户和 1.78 亿美元销售额的巨型公司；也曾通过一份整版报纸广告，让一家化妆品公司的销售额从每年 10 万美元飙升到每年 2 700 万美元！

好的文案是一根杠杆，可以撬动整个公司的业绩！可惜很多老板或者是初入行的文案人并没有意识到这一点。在中国，文案大多数时候都被定位成一个基础型执行类职位，老板给你开 3 000 元工资，你只要把他的意思表达清楚了，如果加点文采，再运用几个谐音、押韵，便算合格了。至于效果嘛，一个把自己贬值为 3 000 元月薪的文案人，对文案的理解能有多深刻？

我刚入行那年，企划部有一个同事，就叫他老李吧。老李已经 35 岁，还是个普通文案人，拿着 3 000 元月薪。说实话，老李很符合"70 后"那一代文青，写出来的东西磅礴大气，对仗整齐，很有高度，并且时不时用点《三国演义》《水浒传》里的典故，领导刚开始很喜欢他。但半年后，领导就有意见了，因为每次花大价钱投放各种渠道的广告，曝光度绝对可以，转化率却低得吓人。如今想来，那些大气的广告，越看越是企业单方面的夸大其词、自吹自擂，而我们的核心用户 90% 以上都是女性，所以这些广告无论从理性还是感性的角度，都没有一点可以打动用户之处。

商业目的一直都是企划部存在的意义。如果脱离了这个目的，文案、平面设计的岗位就都没必要设置了。没有老板愿意每年花几万元养着一个不能创造效益的作家协会。

所以干得越久，就越觉得文案这行真是"学无止境"。一个合格的文案人，必须是个"全能手"，一个通晓多门学科的"杂家"。

1. 文案必修课：文学

这个自是不必多说。同样是故事，有人写得妙趣横生，让人看一眼就起了兴致，忍不住读到最后，有人却写得干巴巴，没有悬念，没有情节，没有曲折；同样是描述一个产品，有人就能写得让人身临其境，仿佛已经能触摸到，有的文案却像产品说明书，乏味可陈，让人看了第一句便再无往下读的欲望。

懂文学不是简单的引经据典，不是谐音对仗，不是"为赋新词强说愁"，而是言之有物，并能让人看得津津有味，欲罢不能。文案，就是品牌与用户之间灵魂的衔接者。

用过即弃的爱情，用过即弃的弹簧床，用过即弃的寒暄，用过即弃的保暖袋，用过即弃的关爱，用过即弃的雷诺原子笔，用过即弃的现代人，以喜新厌旧的速度，每天购买新物，同时大量抛弃物质。

期待这一场诚品跳蚤市场，

让你我在旧货堆中找到经典，

在旧鞋里发现脚的生命。

就像台湾地区文案大师李欣频的这段文字，其实只是一个跳蚤市场二手闲置用品转让文案，却能写得如此妙趣横生，其文学功底可见一斑。

2.文案必修课：逻辑学

逻辑学是哲学的一个分支，是写作文案的基础，偏偏很多广告人容易忽略这一点，这在文学青年身上尤为突出。

文案需要逻辑吗？必须要！因为文案的本质是与用户的沟通，无论是描述、抒情，都不是无由头的，要做到每一句都合理，并且整体有条理。

即使是李欣频这样充满诗意的意识形态文案，都不能脱离这一点。再看上面那则文案，"用过即弃的爱情，用过即弃的弹簧床，用过即弃的寒暄，用过即弃的保暖袋，用过即弃的关爱，用过即弃的雷诺原子笔"，得出的结论就是"用过即弃的现代人，以喜新厌旧的速度，每天购买新物，同时大量抛弃物质"。看似堆砌，却无半句废话，进而引出后面的商业目的——"诚品跳蚤市场"，两者紧密相关。这就是逻辑！

逻辑学是关于推理和论证的科学，无论你传递什么信息，都必须让用户知道你的结论是什么，并且给出支撑你结论的强有力的理由，才能起到说服的作用。怎样写出有逻辑的文案？我会在后面的章节中详细说明。（详见"没有理科思维的文案不是好销售"）

3.文案必修课：市场营销学

这个毫无疑问。当今的互联网时代，广告的作用已经不仅是广而告之。在买家市场，用户有了更多的选择，因此相对于以往，文案策略就相对复杂一点。

你需要扫描营销环境，分析用户市场、企业市场。

你需要搞清楚消费升级、网红经济背后的营销哲学。

你需要准确的品牌定位，塑造品牌形象。

你需要分析竞品，在同质化的产品中提炼出独特的亮点，让用户可以准确甄别产品差异性。

你需要吸引用户注意到你的文案，并从中了解到你所传递的信息。

你需要向用户传递除了产品信息之外的其他信息。

你需要懂得大众传播原理，让你的文案像病毒一样传播，达到事半功倍的宣传效果。

更难的是，营销思维并不只是做到"知晓"层面就可以，好的文案都是将营销变成一种本能。无论任何时间、任何地点，每次提笔，首先想到的是怎样有助于营销，其次才是怎样组织语言这些细节。

4. 文案必修课：心理学

为什么中奖之类的小概率事件还有很多人愿意花钱尝试？为什么同样一场晚会，自己花钱买门票的人会比免费得到门票的人更积极参加？为什么限量款的产品更让人疯狂？为什么同一款产品，网红公众号比天猫店铺销售量高几倍？用户究竟是怎么想的？

我刚入行做文案的时候，总是把自己想说的话一口气宣泄出来，那样做的结果就是，用户不屑看，因为"与我何干"？后来我渐渐明白，想做好文案，绝不是像写日记那样记录心情，抒发情绪，不是按照自己的思维随心所欲，而是每做一步，都应该想象用户看到这些文案会有什么想法，会作何反应。

任何领域，懂人性的人，总是更容易成功。一切的营销都离不开洞察。不懂人性洞察的人干不好销售，也做不好文案。

君不见，各类网红盛行，就是因为他们满足了我们大多数人的内心需求。互联网时代典型的特征就是我们将更加偏重于产品的情感营销。感性卖情绪，理性卖利益。很明显，如果拥有相同的产品质量，有情感有格调的文案更容易让用户买单。所以作为文案人，你必须学会洞察用户，你需要深入发掘出他们内心的需求。

5. 文案必修课：成为内行

很多营销人都反映：现在的用户越来越精明，越来越不好说服了。这是时代的进步，却是营销人的悲哀。用户比你都内行，他凭什么相信你的广告说辞？

事实上，广告人大多数时候接到的业务，都有可能是从未接触过的领域。

接到任何一个行业的订单，你都得在短时间内迅速熟悉这个行业，了解行业规则和玩法。即使同样是网络营销，不同的行业还是保持了一些特有的玩法，你需要不断学习，至少得比你要面对的用户更加"在行"。

文案更是如此，你想推出一个品牌或一款产品，把自己快速修炼成某一领域的专家，说得句句在理，要比卖萌耍宝靠谱得多。

卖衣服，你得懂面料，懂设计，懂工艺，懂穿搭；卖化妆品，你得懂材料，懂化妆，懂名牌；卖保健品、医疗器械、商务软件，那你更得恶补相关行业知识了。至少做出的广告，不能让内行人一看便是笑话。

6. 文案进阶课：有效沟通

别以为以上几点就足够了，除此之外，能做好文案的人，情商必定不会很低，简单来说，就是会照顾别人的感受。同样一个意思，用什么样的方式表达出来很关键，不能引起用户反感，最好让用户瞬间对你产生好感，这非常重要。

这里举一个甲壳虫文案的例子。甲壳虫的特点是小，与人们固有印象中豪车都是宽敞的认知相悖，威廉·伯恩巴克没有去抨击社会普遍观念，而是客观地去描绘小有"小"的好处：

很多驾驶我们"廉价小汽车"的人已经认识到它的许多优点并非笑话，如1加仑汽油可跑32英里，可以节省一半汽油；用不着防冻装置；一副轮胎可跑4万英里……尤其当你停车找不到大的泊位或为很多保险费、修理费或想为换不到一辆称心的车而烦恼时，请考虑一下小甲壳虫车吧。

透过文字，我们就可以想象，威廉·伯恩巴克绝对是一位优秀的沟通者。当你无论是文字功底还是其他知识和技能熟练程度都达到80分以上时，怎样运用高情商更好地与用户愉悦沟通就非常关键了。

1.1.2 向自己的文案要个结果

不以营销为目的的文案都是"耍流氓"。每一篇好的文案都是花时间和精力完成的，也要花不少钱去推广。很多企业会花几万元甚至数十万元去推广一篇文案，如果写得不够成功，对企业造成的将是直接的损失！

因此，文案基本的职业素养就是：每一篇文案都要有个结果！给自己的文案定个目标！不能只是简单地、含糊地说一句：增大品牌知名度、美誉度。而要切实地产生结果：促成销售，引发讨论，还是诱导参与？这个结果必须是通过数据可以看到的，是能够证明你的价值的。

如果你不能为结果负责，那就永远是基层，永远拿不到高薪。如果你是企业的一名文案人员，恭喜你，你还有机会拿老板的钱去验证自己的文案是否有效。如果你是一个创业期的中小企业老板或自由工作者，你的文案就是你的自救工具，你要做的就是最快地把钱赚回来。

公司小的时候，千万不要去想什么病毒营销，想什么"10 万 +"的爆文，不现实！有那些功夫，不如花时间想想怎样写一篇 100 字的朋友圈小文案，直接促成订单。

做老板的，任何宣传推广都是自己掏腰包，当然得先考虑怎么免费怎么来，怎么省钱怎么来，怎么回款快怎么来！很多公司恰恰就毁在这点上。

我以前合作过的一个公司，明明处在一个本土服务性质非常强的行业，却非要模仿网络明星，想在网上一夜爆红。企划部总监带领企划部十几名员工，每天加班发帖、顶帖，大量投广告，花费了大量时间和精力，结果一切都是枉然，效果远远不如几个电梯广告的十分之一。

我之前在甲方做企划的时候，也喜欢"全网覆盖"，动不动就列个方案，把能想到的媒体渠道全部投一遍。后来遇到了一个老板，天天拿着计算器找我谈话：今天投出多少钱，赚回来多少钱？我当时还很委屈"广告哪有那么快就见效"？

后来也自己创业，花自己的钱，顿时感觉一切都不一样了。每花出一分钱都像在滴血啊。恨不得一块钱掰成五瓣花，投出去的钱都心心念念，想要马上收回来。

我感觉小公司才是最考验个人能力的。你服务大公司的时候，用户有可能是冲着你背后的品牌、公司的知名度去消费，可能你写个"特不一样""非一般的感觉"就有人买账，那是因为你的老板投了大量的渠道推广费换来的，不一定是因为你有多能耐。只有小公司或者初创品牌，如果你能凭借文案，将大家不熟知的产品和服务卖出去，那你已经具备了不可摧毁的能力。

现在的我，给客户做文案策划时，不再"广泛撒网"，更喜欢"重点捕鱼"，多做分析，深度解剖目标用户。比如你卖小虎队的演唱会门票，把文案给"80 后"

看可能就比给"90后"看更有意义。你若是卖婴幼儿用品,你把广告发给未婚小青年能卖出去吗?当然,你要是卖鲜花、巧克力等情人用品的,让女孩发给男朋友看就最合适不过了。切记,好的文案,绝不会让推广费打水漂,而是推广的投入越大,回报就越大!

1.2 为什么"文案"与"策划"不分家?

无论在哪个网站的招聘中,我们常见的职位是"文案策划",国内将"文案"与"策划"分开来的公司还是少数。

有人给文案、策划下了区别定义:文案是偏感性的,策划是偏理性的。我不完全赞同。我认为这两种思维必须是一体的。策划一个活动、一个品牌,虽然有商业分析,但也离不开对用户心理的剖析,从人性的角度出发,以情动人。而以情动人绝非几句煽情的文案就能达到的。作为文案,不是引经据典,像诗人一样抒情,就能让用户动心。怎么设置悬念,怎样代入,怎样唤起用户欲望,什么时候催促购买,这都是需要商业思维分析的。一个不懂人情的策划,和一个不懂营销逻辑的文案,都是企业的灾难。

1.2.1 文案,需要有点商业分析能力

在国内,很少有人能做纯文案的,如果你没有商业逻辑,不能为自己的文案效果负责,你连文案都算不上,充其量只是一个编辑,很容易就被老板当作廉价劳动力,随便找个人就能替代。

所以做文案的,除非你特别有天赋,像李欣频、许舜英那样,一出手就能写出流传甚广的经典之作,否则的话,还是兼做策划比较稳妥,策划所需的商业分析能力,是现代社会最稀缺也最宝贵的能力。

什么是商业分析能力?很多人做到企业高管都不一定具有这种能力。我见过的大多数企划部总监,都是拿着老板的钱使劲砸,常挂在口头的话就是:没有预算,哪来的效果?

而最具备这种能力的人一定是老板。每一个老板都是跳下水后奋力挣扎的人,哪怕是旱鸭子,不会游泳,为了活命都要扑腾、自救。就算只是一个杂货铺、

水果摊老板，很多都比企划部总监更有商业分析能力。他要自己筹备开店、选址、选货，要分析成本、收益，要分析竞争对手，要分析目标用户，要分析哪批货卖得好，卖不掉的怎么处理。就算是要印个传单，都要琢磨半天，文案怎么写才能让人一看就想来买，买了以后怎样让他一直买？

举个简单例子，一个小区里本来只有一家水果店 A，生意很好；某天突然对面又开了一家水果店 B，B 一开业就发传单"低价特惠，买一斤送半斤"，A 的生意很快就被抢走了一半，心急火燎，夜不能寐。他悄悄打听得知，B 的进货渠道跟自己不一样，能够低成本拿到货，是自己办不到的。怎么办呢？ A 辗转反侧，分析出该小区大多数是年轻住户，大部分人白天都忙着上班，没有时间专门去买菜。A 冒出了一个大胆的想法，在店里挂横幅"保证每一颗水果都新鲜健康，扫码加微信可送货到家"。对于上班族来说，不用挑拣、送货到家，可比买打折处理水果，回家扔掉一部分划算也省事很多。A 斩获了一大批有消费能力的优质用户，每天在微信上发发新货信息，就可网上下单；而 B 靠低价，收获了一些酷爱砍价的用户。

假设 A 老板只是一个不懂商业分析的普通文案人，他拉的横幅也许是"买一斤送一斤""半价促销"，或者抄个"甜过初恋"之类的词句。

一个不懂商业分析的文案人，最常见的做法就是"搬运"。看到别人写的东西好，立马搬过来。搬过来未尝不可，但不加分析地搬过来对于你自己的营销无济于事。名牌的经典广告语很好，可如果你给一家自磨咖啡店写文案，你能把雀巢的"味道好极了"直接拿过来用吗？

每个经典的成功文案都有它特定的时代背景、行业属性。例如雀巢当时进入中国市场时，出租车司机据说是最有钱的一个群体，对于他们来说，"味道好极了"就比"滴滴香浓，意犹未尽"要接地气得多，也符合目标用户的交流语言，所以那一战，雀巢赢了麦斯威尔。因此做一个懂策划、会做商业分析的文案人，才能成为一个难以取代的文案人。

1.2.2　小孩才看文笔，大人只看思维

只有文笔好的人才能写文案？错！徐志摩的文字美吧？张爱玲的文采好吧？直接拿来做文案，能促成销售吗？

相反，一些接地气的，类似"甜过初恋""淘，我喜欢"这样的文案，根

本没有文采可言，却创造了惊人的利润。文案是用来解决产品问题的，不是用来卖弄文采的，也不是只用来感动用户就完事的。

产品知名度不足，我们得想办法用文案吸引眼球，扩大知名度；产品同质化，我们得想办法用文案找出独特亮点，与竞争对手区别开来；产品定价高，我们得想办法用文案告诉用户，为什么卖这么贵。所以，文笔好坏对营销文案并不是最关键的，想要写好文案，一定要记住以下几点。

1. 经典的文案不需要太好的文采

采用什么样的口吻与调性去做文案，取决于你的用户是什么人。现在就连互联网巨头也开始注意到草根经济，文案写得非常接地气。如：

百度：要销路，找百度。

京东：发家致富靠劳动，勤俭持家靠京东。

当当：老乡见老乡，购物去当当。

有的微商或者业务员，文笔看起来真的很一般，但是写得非常真实，非常生活化，依然通过一系列文章，招募到了非常多的代理，实现了可观的销量。

2. 文采仅是手段，销售才是目的

文案的核心是营销思维。再好的文采，也不能作为文案的主心骨，任何时候都要切记，销售才是目的。

某位知名的文案创作者为一种新上市的糖果装电池做过文案，但据天猫等电商平台的数据来看，效果有限。

看那些文案，有的大气，有的幽默，也成功掀起了营销圈内人士的一场狂欢，然而据调查，大多数用户购买该糖果装电池时，都是被其漂亮的颜值打动，而非精彩的文案。更值得一提的是，那些将该系列文案奉为经典的营销人，却很少成为糖果装电池的购买者。

究其根源，文案是帮企业解决营销问题、促进销售的，而不只为发挥个人的文采和创意能力。如果华丽的文案喧宾夺主，让目标用户的注意力从产品本身移走，这样的文案实在算不上成功。

那么文采怎样为销售助力呢？

第一，用文字准确传递产品信息，字里行间让用户觉得可信。

例如，小米秤：

（1）负面例子：尖端科技，精准测重。

（2）正面例子：连一杯水的变化都可以精准感知。

第二，认真斟酌文字，用最具吸引力的表达，让用户打消顾虑。

例如，婚纱摄影行业：

（1）负面例子：不满意包退款。

（2）正面例子：先试拍后付款。

这两个文案的目的是相同的，但给用户的感觉是完全不同的。"不满意包退款"把用户注意力引导到了"退"上，"先试拍后付款"把用户注意力引到了"拍"上。事实证明，后一句文案比前一句文案带来的咨询量高 3 倍以上。

再如，烤瓷牙广告：

（1）负面例子：牙好才是硬道理。

（2）正面例子：牙好看才是硬道理。

烤瓷牙是一个收费较高的项目，老年人关心的是牙齿的坚固耐用问题，而中青年人关心的是牙齿的美观问题。如果想让烤瓷牙用户不局限于牙齿松动脱落的老年群体，而是普及到所有牙齿不够整齐、亮白的有消费实力的年轻人群，就要准确抓到这类人群的关注点。

好的文案绝不是一蹴而就，就像古代文人推敲诗句一样，将营销思维与文字融合，筛选出最直入人心的文字表达。

你学生时期作文打不了高分，不代表你做不了文案。把文案当作产品去打磨。因为用户不会因为你的好文采去买单，却会因为你的产品满足了他的某项需求而购买，或者因为认同文案体现出来的品牌价值观而持续支持。

1.2.3　没搞懂这一点，先别动笔写文案

作为一名文案人，我最讨厌的客户，不是撂下一句"要高大上"就走开的，也不是让反复修改的，而是那种接到一份文案任务，我问他"写这个文案的目的是什么"，他说："扩大品牌影响力啊，增加粉丝，增加转化率，卖货啊。"我说："总得有个主要目的，到底是什么？"

如果你不懂营销策划，如果你不去想这次写文案的目的，我敢肯定，你写出的文案，效果不会太好，也无法量化评估。

写文案的第一步，不是用户画像，不是产品优势分析，也不是品牌核心竞

争力提炼、竞争对手评估，而是明确目的。就像一辆汽车，开动前必须明确目的地，不然油加得再多也没用。

看到这儿，有些读者会问：文案的目的不就是销售吗？是，但不全是。比如一个微信公众号文案，这篇文案的目的是增粉，那篇是促销，再一篇是诱导参与活动，也可以是维系老用户等。最终目的都是"销售"，但这个目的需要分解。

为什么需要分解呢？因为有时候，两个小目的很难同时达成。例如，你的这篇文案主要目的是增粉，你需要的是大量的新用户，新用户需要凭借这篇文案对你产生好感，必要的时候先让他尝点好处，送点小赠品之类的。而你为了马上促成销售，在新用户还对你没有一点点印象的时候，上来就推出你的产品和服务，让其掏腰包。这些用户是否愿意马上买单呢？很有可能会非常反感，直接将你拉黑。

这种情况下就需要分别对待。如果你卖的是牙膏牙刷之类，选择随机性大、不需要太多思考的商品，可能直奔主题就会马上唤起用户购买。但如果你卖的是汽车，或者做高端服务业呢？没有前期的一点点铺垫，有谁愿意第一次看到你的推广就马上下单？给这类的企业做文案，明确每一次的文案目的就大有必要了。

此外，文案也涉及一个美誉度与转化率的矛盾。比如淘宝"双十一"那样的促销文案，全场五折，当天的销量就创了新高，可是与奢华、高端之类的美誉度完全搭不上边，而且靠打折促销快速回款有可能还会影响品牌接下来很长时间的销售，也不能给用户留下好印象。

如果你是公司企划的操盘手，还有必要掌控文案的节奏，什么时候文案的目的是塑造良好的品牌形象，什么时候快速回款，都要了然于心。

1.2.4 没有理科思维的文案不是好销售

记得有人说过"只有理科生才适合做文案"，这话听上去有点太过绝对，但又不无道理。传说文科生和理科生的大脑构造是有些差异。比如，晒完被子，文科生会感叹一句："被子里都是阳光的味道。"理科生会想："矫情，那都是螨虫尸体的味道。"

上学的时候加入了文学社，发现很多同学写的文字都是类似于"叶子的离开，不是风的追求,也不是树的不挽留"的文艺感性式,或者是"帅气少爷痴迷灰姑娘"的无理由幻想式,而我向来认为所有的事情都要讲"因为……所以……"。

记得以前老师讲散文,都会讲到"形散神不散",后来做了文案,越发体会到这句话在文案策划中的重要性。

现在市场上所有的文案培训,都在强调"卖点""痛点""情绪调动",但几乎没有人提到文案的另一个要求——"逻辑性"。我一直认为,文案应该归为一个沟通类的工作,一个好的沟通者必须是条理清晰的。有一次,客户公司新来的文案人发给我一份婚纱摄影专题策划案,她的提纲如下。

主题:征集并投票评选最美新娘,送婚纱。

(1)拒绝庸俗,不玩套路!

(2)人生最幸福时刻,怎能少了一套绝美婚纱?

(3)奖品多多,拼人品的时候到了!(引导投票)

(4)慧眼识金,你是最佳伯乐!(引导推荐)

(5)你的幸福嫁衣,由我赠送!(下单即送)

我看了以后,只有一个感觉:她一定是文科生!因为这几个提纲,根本没有串起来,每个方面都写到了,但看起来又很散乱。然后我整理了一下。

主题:××婚纱摄影5月婚纱新品首秀(每个活动都需要一个理由,婚纱上新,所以搞活动)。

(1)征集100位准新娘,并投票评选6位最美新娘,送婚纱!

(2)最美新娘专属福利!(机会难得,仅此一次)

(3)报名参赛,即享免费租赁名品婚纱!

(4)艳压群芳,婚纱直接穿回家!

(5)慧眼识金,伯乐有奖!

我认为改完之后,最起码4个要点都是为主题服务。参加有什么特殊服务?能得到什么好处?一旦胜出,又有什么福利?推荐别人参加还能得到什么?活动策划就相当于一篇说明文,按事物内在联系安排材料,进行说明。

"下单即送嫁衣"我给去掉了。我的逻辑是,前面引导别人报名参赛,说这个奖是非常稀缺了,后面突然来一下,只要下单了就送,那别人还能有参与的热情吗?

之前我跟同行探讨过,文案需要加点逻辑性。有人就反驳了,有些纯文艺的少女心的文案，不也销量爆棚吗？然后举出了下面这个例子：

> 你写 PPT 时，阿拉斯加的鳕鱼正跃出水面，
>
> 你看报表时，梅里雪山的金丝猴刚好爬上树尖。
>
> 你挤进地铁时，西藏的山鹰一直盘旋云端，
>
> 你在会议中吵架时，尼泊尔的背包客一起端起酒杯坐在火堆旁。
>
> 有一些穿高跟鞋走不到的路，
>
> 有一些喷着香水闻不到的空气，
>
> 有一些在写字楼里永远遇不见的人。

请问，这个文案只是文艺，只是小资吗？这段文案的目的是劝说用户不要宅在家里，出去走走吧。那么前几句都是描述了一个场景，都是为了支撑后面的结论：有一些穿高跟鞋走不到的路，有一些喷着香水闻不到的空气，有一些在写字楼里永远遇不见的人。是不是激发了用户"走出去"的欲望？

当然，文案的逻辑性远不仅仅是"因为……所以……"的简单论证。还有很多，比如：

"同行做的产品功能都差不多，为什么选择你的产品？"

"这个活动，我为什么要现在参加？"

"你描述的这些可信吗？怎么证明？"

"你的产品凭什么这么贵？"

"我已经有一个类似产品了，为什么还要再买？"

"你说你的产品高大上，体现在哪里？"

"我买了你家的××，还需要买这个品牌的其他产品吗？为什么？"

所有的这些逻辑，其实用户在消费前都会或多或少地考虑，那么作为文案，需要用文字去巧妙地解答这些疑惑，这样才有说服力，然后才谈得上转化率。

有人擅长写情感唤起式文案，这也无可厚非。但就算是情感唤起，也是在深谙人性弱点后，经过一定的逻辑思考，针对性地击中痛点的。一个旅游软件的广告文案是这么写的："超多女生在这里写游记"。

这句看似简单的话，其实涵盖了好几种逻辑：女生看了会想，她们都在这里写，那我也写吧；男士看了会想，哇，这里有超多女生，那我也写，说不定

有浪漫邂逅呢。

文案最怕的是不知所云，或者言之无物。逻辑学的根本作用是理论思维的工具。亚里士多德的演绎逻辑学著作命名为《工具论》，培根的归纳逻辑学著作命名为《新工具论》。

百度百科显示，逻辑学理论和方法，早已被证实，有以下几个作用。

（1）认知工具：有助于人们正确认识事物，探寻新结果，获得新知识。

（2）表达工具：有助于人们准确、严密、清晰地表达思想和建立新理论。

（3）说服工具：有助于人们做出更为严谨、更具有说服力的推理和论证。

（4）分析工具：有助于人们揭露谬误，驳斥诡辩；有助于正确思考，明辨是非，正本清源。

运用到文案上，最基本的就是为你的结论找出支撑点，不做无厘头的表达。这也有助于我们做出判断：你的这句文案，用户看了以后会有什么反应。也可以反过来思考：你写这句文案，希望用户看了做出什么反应。

我相信文科生和理科生的大脑，最初应该是相似的，逻辑思维只是长期教育熏陶下培养出来的思维差异。本是同根生，术业有专攻罢了。文案本深奥，营销价更高。写作不思考，静等失业了。

1.3　测测你是值多少月薪的文案人

去面试的时候，你有没有对老板说过"我做文案都 5 年了，至少要 8 000 元月薪"这类的话？很多人都以工作经验论月薪，事实上，这样真的公平合理吗？有的人还未出大学校门，就已经是拔尖的文案高手，有的人工作 10 年以上，依然是个初级文案。

对于这个话题，网络上早已有答案：你有 10 年工作经验，为什么依然成不了专家？因为你只是把第一年的能力，重复运用了十年，没有一点长进。于是，年纪渐长，能力与年纪越来越不成正比。

事实上，这个年代，除了极个别艺术领域，已经基本不存在所谓的怀才不遇了。作为一个好的文案人，你的能力会由市场鉴定；你的价值也需要用作品说话，根据用户是否买账来衡量。如果你想自测一下自己属于什么级别的文案人，可以从以下几个方面自省，如图 1-1 所示。

文案新手	文案高手
满腹抱怨	解决问题
释放自己	唤起用户
只玩战术	精于战略

图 1-1　文案新手与文案高手的区别

1.3.1　满腹抱怨 or 解决问题？

"这么烂的产品，满大街都是。""这么 low（低端）的品位，能做品牌吗？""这个牌子根本没听说过，怎么可能卖出去？""这么贵，谁会买？"

刚入行的文案新人这样抱怨还情有可原，如果你是工作 3 年以上的文案人，还这样抱怨，只能说是修炼不够。

老板请你来是解决问题的，营销部门的意义就在于此。虽然我不否认，好的产品自己会说话，但是大多数时候，营销人是在产品已经做出之后才被邀请，或者没有权利参与产品的设计。但谁让我们文案人就是这样一群神奇的物种呢？有条件要卖，没有条件，创造条件也要卖！

（1）产品知名度不够——就靠文案打出知名度。

（2）产品同质化——就用文案提炼出独特亮点。

（3）产品价格高——就用文案告诉用户为什么那么贵。

与其跟老板抱怨，不如静下心来，想想如何靠自己的能力，挽救眼前这款不怎么知名的、生产的不怎么样的产品。当你接到一项新任务时，不是迷茫无助找借口，而是积极去寻找突破口时，你已经不是文案新人了。

1.3.2　释放自己 or 唤起用户？

有的朋友写文案，把自己想说的话或者老板想说的话，一股脑儿倒了出来。如：我们的企业，是一个多产业国际化综合集团，我们的产品运用了 ×× 技术，未来我们要做成覆盖全球的上市公司。看起来很像官方汇报公文，或者领导的演讲稿。这样的文风，自己是痛快了，再好点，领导是高兴了。可是一投放，用户不买账！

用户可以买方便，买面子，买快乐，但是没有谁有义务去关注你们公司如何发展，然后为你们老板的梦想买单。

如果你是文案人，你应该懂得去研究你的目标用户是什么人？他们有着怎样的生活方式？如果是 30~40 岁的女性，她们跟 20 岁的女性生活习惯、消费方式有什么不同？你通过怎样的方式唤起她们的购买欲？

同样是上班，北上广白领和三四线城市上班族的心理状态有何不同？同样是怀孕，35 岁高龄孕妇和 20 多岁年轻孕妇心理有何不同？生二胎与生头胎的孕妇的想法又有哪些不同？

文案最忌自说自话。当你学会站在用户的角度考虑，你已经算是有经验的文案熟手了。怎样唤起用户，我们将在后面详细探讨。

1.3.3　只玩战术 or 精于战略？

如果你是文案人，拿到一个案子后，你首先要做的，一定不会是上网东拼西凑抄句式，或是去段子手微博上扒出一些搞笑的语言以拿来用。

你不会满足于文字上的一两个惊艳词句，不会期待别人在看过你的文案后，夸一句"文采不错"，而是盼望文案一经投放，用户刷刷下单，销售额立马上升。

几句有文采的话，一场玩趣味的活动，都仅停留在战术层面。如果你是文案人，你一定不会忘记大局战略。

如果你的企业定位权威、专业，你就不能用挑逗意味的语言去写文案，也不能用漂亮女生博眼球这样的创意去做活动；你也不能偏离品牌调性，一会儿像个"90 后"插科打诨宣誓游戏人生，一会儿又像个年过花甲的老者描述岁月静好。

如果你是文案人，你一定会记得你的产品是想填补细分市场的哪一块空缺，你也一定明白你的竞争对手是谁。如果你做的是高端产品，就不会为了一时的收益，动不动来个全场五折的促销文案；如果你做的是面向广大农民兄弟的产品，就不要在文案里出现诗词类的、颇带小资色彩的语句。

好的文案人一定要懂得深度思考，拿到品牌或产品后，多问自己几个问题，问得越深，思考越多，对思路开发越有好处。

当你懂得把握品牌战略，并且每一次都能围绕战略有效玩转战术时，你已经不只是个文案人了。很可能，你已经晋升为企划部总监了。

你也可以通过简单的方法来鉴别：现阶段，你是否可以通过写文案这项职业拿到你期望的薪水？市场上，用户是否愿意为你的文案买单？把文案当作产品来销售，你的一篇文案可以卖到多少钱？是否有人愿意出高价？

为自己估值，对职业成长非常重要。愿每个有理想、想上进的文案人，都能给自己定准位，像经营企业品牌一样，经营自己的个人品牌。

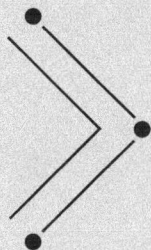

第 2 章

用户讨厌营销，怎么破?

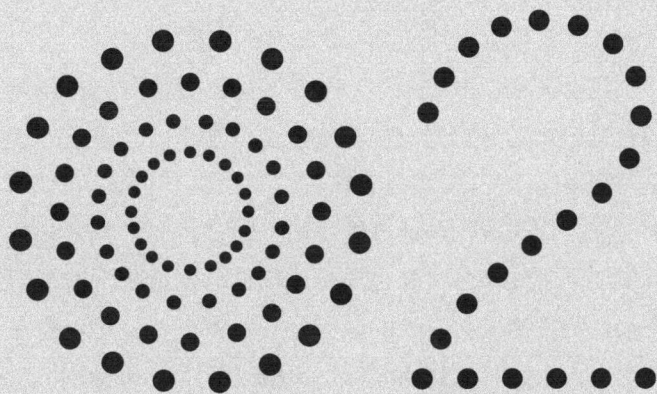

2.1　什么是真正的用户思维？

近几年，凡营销者，必谈用户思维，那么，究竟什么才是真正的用户思维？

"情商大师"戴尔·卡耐基的一本书里讲到：戴尔·卡耐基几乎每季度都要租用纽约某家旅馆的大礼堂 20 个晚上，讲授社交训练课程。有一次他刚开始授课时，经理突然通知他要涨 3 倍的租金。而这个消息传来之前，入场券早已发出去了，其他准备开课的事宜都已办妥。

他没有像普通人一样气势汹汹地跑进经理办公室大叫："这是什么意思？你知道我把入场券都已发出，突然要增加 3 倍的租金，这不是存心整人吗？"而是对经理说："假如我处在你的位置，或许也会写出同样的通知。你是这家旅馆的经理，你的责任是让旅馆尽可能地多盈利。我无法支付你所要求的租金，只好被逼到其他地方去开讲座。这样你非但从我这里拿不到一分钱，还失去了一个很好的宣传机会。我的课程能吸引不少受过高等教育、水准高的人士到你的饭店来，你如果花 5 000 美元在报纸上刊登广告也不一定有这么好的效果。"最后经理让步了。

从始至终，戴尔·卡耐基都没有说"你这么做对我造成了多大的损失"，因为很可能别人根本就不在乎。他的每一句都是站在对方的角度考虑，让对方明白，涨价只能是弊大于利。没有人是跟自己的利益过不去的。

生活中，聊天让人不愉悦的那类人，大多是谈论任何话题永远以自我为中心，他们一开口就会出现冷场，因为这些事情令其他人感到无聊透顶。

做文案也一样，做得越久，越发现一个道理：当你由衷地为用户考虑，你的文案讨论的是用户的切身利益，他才会感兴趣，才有可能会买单。世界上唯一能影响他人的方法，就是谈论他所要的，而且还要告诉他，如何才能得到他所要的。

老子的《道德经》中也讲到："江海之所以能为百谷王者，以其善下之，故能为百谷王。是以圣人欲上民，必以言下之；欲先民，必以身后之。"什么意思呢？就是说江海之所以能够成为百川河流所汇往的地方，乃是由于它善于处在低下的地方，所以能够成为百川之王。因此，圣人要领导人民，必须用言辞对人民表示谦下，要想领导人民，必须把自己的利益放在他们的后面。

用到营销上，就是说，如果你想赚用户的钱，让他们心甘情愿把钱放进你的口袋里，必须先为他们考虑，把自己的利益放在他们的后面。这样的"利他思维"也就是"用户思维"。

2.1.1　从用户的立场来定义市场

传统的营销讲定位，都是从自己的角度出发，比如定位"高端产品"，可是现如今，产品匮乏的时代早已一去不复返，我们处在产品过剩、买家市场广阔这样一个时代，如果我们的思维还只停留在产品和品牌上，采用"王婆卖瓜"式的叫卖，那么与那些先知先觉的同行相比，竞争完全都不在一个维度上。

这可能是绝大多数起步项目的痛点——有产品，却不知道怎么找到用户。先有产品再有用户的企业，是大多数。像小米这样，让用户参与设计产品的，那是用户思维的高级阶段。

我们还是老老实实做好第一阶段，先从产品思维过渡到用户思维。第一步的转变，就是抛弃以往的"以我为中心的定位"，不再按照自己的标准来划分市场。从现在开始明白一件事：主动权掌握在用户手里，不要臆想操控他们。不妨换一种思路：你的产品和服务能填补哪一块市场空白，满足用户哪一个具体需求，据此来定义市场，也算是柳暗花明！

看看下面两则文案，你觉得作为一个新品牌，哪个更容易挤进市场？

突破科技，启迪未来。

——奥迪

经常用脑，喝六个核桃。

——六个核桃

虽然奥迪的实力有目共睹，这句广告语也算是经典。但今天来看，广告的目的已经不再是广而告之，而是说服。如果是想经营用户，必然会考虑怎么样把用户发动起来购买你的产品，如何发动用户帮你传播？奥迪属于传统的营销思维，并且过于抽象。而六个核桃的文案从用户的视角出发，传递的是实实在在的用户利益，更容易给人留下深刻印象，更符合这个时代的气质。

用户在哪里，生意就在哪里。每个时代都为营销打上了特殊的烙印。竞争环境不同，用户心理发生了改变，文案也该与时俱进。围绕用户去营销，去沟通，去传播，首先要做的就是选择谁是你的用户。

2.1.2 找不到精准用户，就别谈"用户思维"

比如你想买房，中介公司的经纪人问你有什么要求，你说"要求不高，差不多就行"。而实际上，这样的话别人很难给你推荐合适的房子。如果没有一个合理的定位，经纪人只好把各式各样的房子都推荐给你，无形中增加了筛选的时间和精力。

而如果你心中对房子有个大概的标准，最好的办法就是根据自己的期望和预算，清晰地罗列出自己的期望：在哪个区域买房？买二手房还是新房？对楼龄、楼层和户型有什么要求？是否要求附近有学校？总价或者单价控制在多少？

这样一来，就清楚自己想要什么样的房了。可以有选择有意识地关注，过滤掉一批不符合条件的房子，集中精力去筛选出自己心仪的房子。

我去给客户公司做营销顾问的时候，做的第一个工作就是开研讨会，我时常会问老板一个问题：咱们公司的目标用户是哪些人？

客户最常见的回答是："我们做的是全国的生意，全国的女性！"说完马上感觉漏掉了，还会立即补充"哦，还有一部分男性"，稍微有点定位思维的客户会说"18~60岁的女性"。

"那大多数收入水平怎么样？"

"月薪 2 000 元到月入 20 万元的都有！"客户自信满满地说。

他一这么说，我就知道问题在哪儿了。目标用户分布这么广，营业额却不高。

并且目标用户分布越广的公司，业绩越是不尽如人意，甚至做宣传推广也不知从何入手。

稍微想想都知道，月薪 2 000 元到月入 20 万元的人，他们看上的东西能一样吗？为你的目标用户做个画像，是用户思维落地的第一步。

在写文案之前需要了解到谁会使用这个产品。或者通过分析产品属性、使用场景、价格设计等，给目标用户"打标签"，包括用户姓名、性别、年龄、身高、体重、职业、地域、受教育程度、婚姻、血型、需求、动机、价值观、社交网络、心理特征、兴趣爱好等，由此窥探用户使用、购买产品的深层动机；了解用户对产品的功能、服务需求是什么；认清目标用户带有怎样的价值观标签，是一类什么样的群体。

他们是谁？

他们在哪儿居住、工作、购物以及休闲娱乐？

他们与你的品牌有哪些相关的生活经历、状态？

他们的消费行为是随机的吗？还是会比较忠诚于某一个或几个品牌？

他们对价格敏感吗？还是认为时间更宝贵？

他们倾向于比较现实／爱冒险／传统／现代／有主见／随机性或……？

以小米手机为例，产品主打黑科技和性价比，经过市场调研和分析之后，得出用户画像：20~35 岁，本科学历，IT 宅男，月收入 5 000 元左右，每日上网时间平均 10 小时，喜欢体验新事物，注重性价比，也愿意为兴趣买单。

其实大家头脑中都有个比较模糊的用户画像，只是没有认认真真去描绘出来，更没有一个实实在在的用户画像展示。比如：妈妈群体—怀孕妈妈群体—高龄二胎怀孕妈妈群体，条件越多，用户画像越清晰。

用户越精准，需求越强烈，变现能力就越强。

作为文案人，如果不做用户画像，不知道自己的用户是谁，就很难挖掘其需求，确定交流风格，也不知什么样的亮点能够吸引到用户。

而明确用户画像后，一般就能够非常清楚用户的痛点和原因，精准地提供营销解决方案。

用户画像绝对不是凭空臆想，文案也绝非闭门造车，想做出真正有效果的文案，就要创造大量机会去接触用户，感受到真实的用户信息，包括地域分布、自身痛点、消费喜好、潜在需求、消费行为、购买历史、消费能力等，描绘一个具体的人物，即集合所有数据标签的用户画像。

用户画像也不是固定不变的，一旦产品升级，或原有用户习惯发生改变，用户画像都需要及时更新。例如，传统观念认为，腰腿疼痛是老年人易得的病，而现在却有年轻化的趋势。玉兰油化妆品配方和包装调整后，希望拥抱年轻用户，摆脱原有的"妈妈护肤品"的形象。

值得注意的是，用户画像中的用户有以下特点。

1. 是真实用户，不是潜在用户

如果使用产品的人非自己购买，而是受转赠或免费领取，这样的用户非真实用户，赠品也拿不到真实的反馈。

2. 是细分用户群，不是细分市场

细分到具体的用户群，而不是某个细分市场。细分用户群和细分市场这两者是有区别的。比如"二孩家庭用车"是细分市场，而"二孩妈妈"就是细分用户群。你的文案是对二孩妈妈说，而不是对爸爸说，因此无论是场景描述还是语言表达，都应更贴合你的目标用户。

3. 是典型用户，不是平均用户

尽管可以有大数据做依据，但最终筛选的是较高频次消费的用户，不要用平均值。

2.2 痛点找得对，用户准消费

痛点是一切营销的撬动点。有痛点就有市场。曾经看过这样一个小故事：如果你想让猴子往前跑，有两种方法：一是拿着香蕉在前面吸引它；二是拿一串鞭炮在猴子屁股底下燃放。

不用多说，肯定是第二种有效。同样地，人们逃离痛苦的动力远远大于追求快乐的动力。可见挖掘用户痛点才是文案写作出效果的关键。文案在没有挖出用户痛点之前，心急火燎地讲一大堆产品和服务优势，只会让用户反感，或者无关痛痒。

用户痛点，就是要找出让用户抱怨、不满，让用户感到麻烦、不解决问题就如坐针毡的一个点。简单地说，人们的痛点大多出于恐惧。而恐惧是由于未知和不确定性。

比如，女性怕失去美丽，所以会消费护肤品；人们怕失去健康，于是健身、养生成为潮流；人们对未来的迷茫和恐慌，成就了微信公众号一大批"鸡汤"。人们怕上火，所以喝加多宝。

2.2.1 你认为的痛点，未必是真正的用户痛点

很多我们以为的痛点，实际上并不是真正的痛点，或者说，不是最高级别的痛点。

举个例子，我们通常以为女性生育的痛点是分娩的剧痛，据说可以达到 12 级（最高级别的疼痛），但实际上，我身边绝大多数的孕妇、产妇，对生育的忧虑却不在于此。大家更多谈论的、担心的，是怀孕后身材走样、皮肤变差、事业耽搁、家庭负担变重。

不信，你问问那些不想生二胎的女性朋友就知道了。80% 以上的人不会提到分娩的疼痛，因为那只是几个小时的事情，过去就过去了，而身材走样、皮肤变差、事业耽搁、家庭负担变重这些痛点，会伴随她们很长一段时间。

比如，就有专家列出过北上广白领的周期式痛点如下。

（1）压力。经济压力、求偶压力、成功压力。

（2）争权。子女自主权、员工话语权。

（3）反抗不公平。反抗资历大于能力、反抗唯结果论、反抗关系论。

（4）中年危机。诸如"随手携带保温杯""秃顶的'90 后'"等略带沧桑的话题。

人性都是"记吃不记打""不见棺材不落泪"的。真正的痛点，是那种周期性的阵痛，甚至一触碰就痛的点。所以，得出结论 1：痛点必须是高频率的。

我们做文案，需要根据用户画像挖掘用户痛点。但找到最高级别的用户痛点，说起来容易，真正操作起来却是非常不容易的。

比如很多烧烤店都打着"健康"牌，但健康真的是用户选择去你店里吃烧烤时考量的第一因素吗？非也！我问过很多人，他们都说：味道好，吃起来过瘾才是第一考虑因素！

我们做文案的时候都容易掉进坑里：以自己的视角去想，以从业者的角度去想，以为非常重要。比如做手机，非要做得续航时间很长，一个礼拜不要充电，

以为用户的痛点就是怕手机没电。可事实上，很多女性只关心手机拍出来的照片是不是好看。

但是，如果你的一款手机像素很低，你的文案却宣扬"拍人更美"，那就是搬起石头砸自己的脚。这种属于文案的错误性唤起。得出结论 2：痛点必须是你的产品刚好能解决的。

再举个例子，你们公司推出一款无磷环保洗衣粉。文案怎么写呢？

你知道吗？
洗衣粉的磷排入江河湖海后，会污染水源，导致生物大量死亡！
保护环境，从 ×× 无磷洗衣粉开始。

像这样写也没什么错，无磷洗衣粉在环保方面的贡献是无可置疑的。普通洗衣粉的磷排入江河湖海之后，会促使水藻大量繁殖，破坏水体的营养平衡，导致水生生物大量死亡；衣服上残留的磷长期接触人体，可影响人体对钙的吸收，导致缺钙或儿童软骨病。美国、加拿大、瑞士等国自 20 世纪 70 年代即开始淘汰含磷和铝的洗衣粉。

但是，上面的文案显然没有戳到痛点，如果改成：

你知道吗？
洗衣粉的磷残留长期接触人体，会导致儿童软骨病！
为了您孩子的健康，请选择 ×× 无磷洗衣粉。

"为了孩子"，当然更能戳中用户痛点。得出结论 3：痛点必须是与用户切身相关的痛点。如此，我们就有机会将这种痛苦放大。当不改变的痛苦大于行动的痛苦时，消费才会发生。

2.2.2　挖掘用户痛点的 6 个技巧

但是，日常写文案之前，到底怎样挖掘用户痛点呢？

1. 换位思考

"己所不欲，勿施于人。"《如何把人变成黄金》一书中也写道："在和人打交道时如果想获得预定的良好结果，那么就抱着一颗同理心去了解对方是怎样想的。"

换位思考是文案的基本功，一个合格的文案，一秒就能把自己代入，想象自己是一个普通的用户。

2. 深析典型用户

"子非鱼安知鱼之乐。"手机品牌，讲了一堆"处理器、内存、性能"，结果女性选手机只有一个标准：好看！还是 OPPO 比较了解女性：

前置 2 000 万，照亮你的美。

后来小米也发现了拍照手机深受女性喜欢，小米 6 的广告也改成了：

变焦双摄，拍人更美。

与换位思考站在用户立场思考相比，深入了解典型用户更为可靠。因为同一件事，每个人的解决思路都不同。特别是一些小众产品，有的人嗤之以鼻，有的人爱之若狂，如果文案人本身是一个讨厌榴莲的人，怎么可能体会到食榴莲者的喜悦呢？

3. 还原使用场景

举个例子，很多蜂蜜厂家的文案一个个都在吹嘘自己的蜂蜜是"天然农家自产，7 天酝酿，至纯至真"，并且列出各种检疫证明。

这样的做法自然是没有错的，但每家店的广告都这么打，用户在选择的时候，无非就开始比价格，比优惠了。

而有一个老板，脑子非常灵光，他考虑到喝蜂蜜的用户很多都是女孩子，甚至有很多白领是在办公室喝蜂蜜，一大罐蜂蜜在倒的时候容易流出来弄到手上、衣服上、桌子上，可能还需要另外配个勺子，这能给用户带来极大的方便。于是他把蜂蜜做成像咖啡一样的小竖袋，文案写出"一次一袋刚刚好"，这个看起来简单的创意，受到了很多用户的喜爱，自然增大了销量。

再比如充电宝，很多品牌都在宣传"大容量"，但如果我们思考一下，用户会在什么时候使用充电宝？答案是外出旅行或出差等。大容量充电宝固然耐用，可是飞机上严禁携带额定能量超过 160Wh 的充电宝（以航空公司规定为准），大容量对于经常出差的"空中飞人"来说就太不方便了。

用户会在怎样的情境下产生这样的需求？这是我们需要经常思考的问题。如"小饿小困，喝香飘飘"就是从消费场景角度定位，也取得了不错的效果。

4. 洞察

洞察用户行为背后的消费心理。谁都知道，"洞察"是营销中一个举足轻重的词，但洞察不是能轻易获得的，你得收集大量的数据，找到规律，形成理论。说着容易，做起来难。用户心理大多数时候很难捉摸，这也是很多市场调查无效的原因。

调研中用户说出的话，不一定是他自己真实的想法。如果你去问一个用户，喜欢喝苦咖啡还是加糖的咖啡，大部分用户会告诉你喜欢苦咖啡，但事实是，他只是觉得自己喝正宗苦咖啡会显得比较有品位，所以撒了谎。因此一般而言，直接的消费大数据比问卷调查更具真实性，如果条件受限，不能拿到大数据，就只能通过观察其行为，结合心理学来探究了。

5. 通过网络搜集

网络搜集也分为很多种。

第一种，如果有可能，你最好看大数据，大数据是做不了假的，是实实在在的浏览和消费记录。那么我们可以透过用户的搜索浏览和消费行为，揣摩用户的需求和消费心理。

还是举充电宝的例子，在淘宝上、百度上，人们搜索充电宝时，前面的形容词是什么？是"便携"还是"大容量"？买"迷你充电宝"和"大容量充电宝"用户的比例是多少？

第二种，如果你所在的公司没有条件看到大数据，那么也有办法——上论坛、贴吧、知乎、百度知道，甚至 QQ 群，浏览网友吐槽。用户讨论越多、吐槽越多的问题，就是真正的痛点。比如你上育儿论坛，发现很多宝妈都反映：给宝宝冲奶，水温老是掌握不好，要么烫着孩子，要么不够热，喝了消化不良。然后大家纷纷跟帖，点赞。如果你的产品——智能温控冲奶机刚好能解决这个问题，那么痛点就有了：

（1）折腾半天冲奶不是太烫就是太凉；

（2）每次烧水都要等待很长时间；

（3）宝宝半夜要喝奶，还得从沉睡中起来去烧水。

第三种，从网购平台评价里找。

如果我接到任务：给××品牌新上市的热水壶写一个文案。我该从哪里下手？

还原使用场景、感同身受都做过了，还是找不到一个特别亮眼的痛点。怎么办呢？看看那些网购平台里的评价吧。

"不锈钢很好，使用也很方便，烧水的声音小。容量挺大，速度还快，总的来说东西不错，烧水时间短，保温功能好，外观漂亮，颜值高。"

"家里的小家电都是××的，水壶还是买的××。壶外观很漂亮，很喜欢。今天烧了三壶水，烧水速度快，声音小，很满意。快递员送货速度快，态度很好！"

从这些用户的评论里，我们捕捉到以下关键点：

（1）使用方便；

（2）烧水声音小；

（3）容量大；

（4）烧水速度快；

（5）保温功能好；

（6）外观漂亮。

这些都可以作为卖点，也是用户在意的点。那么再看差评里的用户在抱怨什么？"一次不满意的购物，以为大品牌有保证，用了一段时间问题太严重，水倒出来都不会流尽，水会从壶口顺着壶身流出来，倒完水漏到满桌都是！""建议不要买这个，烧一次水就有锈点、黑点，不锈钢肯定是劣质品；严重不密封，不保温，漏水严重，烧完漏得到处是水，安全性太低。"

问题已经很明确了：用户非常在意漏水这件事，往深层里讲，就是担心电水壶的安全性。那么，在描述产品的时候，我们就可以从"漏水"这个痛点出发：倒水烫伤孩子，后果不堪设想！

6. 记录常用痛点

我从很多扎心文案提炼了一些关键词，包括买房、赚钱、单身、爱情、友情、胖、加班，这些词出现的频率最高，因为它们存在于每个人的生活中。

如果你不能直接或者快速找到与产品相关的痛点，试着将产品与这些常见痛点联系起来吧，从这些角度入手，让用户感觉"这个产品更懂我"。

2.2.3 针对痛点，怎样给用户开出"止痛药"？

既然找到了用户痛点，我们就要给他止痛药。产品和服务的价值也就是解决用户希望解决的问题。产品的哪些属性可以帮助解决这个问题？将文案进行"分解产品属性"还不够，你需要把利益点说出来——这样的属性具体可以给对方带来什么。

接着说前面电水壶的例子，痛点找到了——漏水，那我们着重强调电水壶的安全性，比如采用什么样的设计、什么材料，可以杜绝漏水这件事？于是，文案有了：

> 倒水烫伤孩子，后果不堪设想！
> ×× 安全电水壶，
> 特殊尖嘴设计，杜绝倒水时旁漏，
> 360 度防漏系统（加厚密封的壶盖＋蒸汽阀防漏保护），
> 即使意外打翻水壶也不会漏水，呵护家人安全。

归纳成三部曲：场景化描述痛点——开出"止痛药"——说出"疗效"。同样，前文智能温控冲奶机的例子，找出痛点后，卖点也有了：

> 30 秒调"好"奶——少一分等待，多一份舒心。
> 24 小时自动恒温，24 小时都有妈妈的温度。

这样说出了具体的"利益"，显得更加吸引人。很多文案就是败在了这一步，它们详细地介绍了产品优势，说得天花乱坠，但是用户不明所以："你说的这些特点都不错，可是对我来说有什么用呢？"

无数的应聘者也败在了这一点，他们详细介绍了自己的经历，但是 HR 抱怨说："你的社团、实习经历都不错，可是对我们公司具体有什么用？"

如果想写出好文案，你需要转变思维——不是"向用户描述一个产品"，而是告诉用户这个产品对他有什么用！总体来说，在解决用户痛点方面，我们需要思考以下几个问题：

（1）产品是否可以满足某种特殊需求？

（2）解决之后他的状态会是怎样的？

（3）这件事是否对用户自身有利？这个利益具体是什么利益？

其实我们文案写不好，不能进入用户心里，大多数时候都是因为机械性写稿，浮于表面，思考太少。如果能够足够深入地了解用户，深入地思考这些问题，我们就可以走进他们心里并占据一个角落。

2.3　用户讨厌营销，怎么破？

"怎么又是广告，烦人！"这是我们印象中常见的情景，在很多人心里，广告就像苍蝇一样，无处不在，赶都赶不走，十分惹人讨厌。

但写这个话题前，我问了身边的很多人："你讨厌广告吗？"也许因为我自己本身是个做营销的人，他们给我的答案是："不讨厌啊，没有广告的话，有时候还真不知道买哪个。"也有人说："一般不讨厌，但是看电视剧或者打游戏时突然跳出来的广告，打扰我了，特讨厌。"

在营销过程中，我也问过用户："你怎么看天天在电视上打广告的化妆品品牌？"50%以上的人回答："那些都是名牌啊，有明星代言，看起来比较高档。"我也细心观察过很多用户，他们在超市挑选商品的时候，会下意识地自言自语："哦，我天天在电视上看到这个牌子，就它吧。""这是什么牌子？没听过，算了，还是去买知名品牌吧。"而他们眼中的知名品牌，大多数时候就是广告品牌。这样的话绝非我凭空臆想，而是真真切切从用户口中说出，并且他们的购买行为是骗不了人的。哦，奇怪了，用户并不讨厌广告，更不是讨厌广告产品。那为什么印象中，人们本能地抗拒广告呢？

想象一下，假如你急急忙忙赶着上班，突然一张传单伸过来，挡住了你的去路，一个销售人员走上来，喋喋不休地给你介绍零首付买房子，你会作何感想？一般人都会心生不悦："你挡住我道了，浪费我时间了。"

换一种情景。寒冬腊月，你坐飞机晚上11点才到达目的地，而你没有提前预定酒店，出了机场正发愁去哪住呢，这时候一张传单伸过来，挡住了你的去路，一个销售人员过来说："先生，要住宿吗？我们酒店就在机场旁边，步行200米就能到，晚上11点以后入住还可以享受八折优惠，你需要详细了解吗？"

瑟瑟寒风中，你会作何感想？你会不会觉得，面前这位销售员雪中送炭啊！

这样看来，用户为什么讨厌广告，就一目了然了：

（1）广告有没有跟他的目的相冲突？

（2）广告是否跟他的利益有关？

凡打断用户计划和与用户无关的广告，都会被当成"骚扰广告"。比如电视广告一开机就有强制视频广告以及浏览网页时出现的弹窗广告。

除了上述两点之外，有调查显示，令人讨厌的广告还有以下几种情况，比如"王婆卖瓜，自卖自夸"的硬广告、低质量假冒产品的欺骗性广告，有些广告不恰当地对产品信息尤其是功效进行夸大，甚至无中生有，传播虚假信息，骗取用户上当，导致用户不仅对假广告反感，而且对真广告也小心提防起来了，还有出现频率太高的广告，或者展现突兀僵硬的无聊广告。了解什么样的广告会被厌恶之后，针对以上几种情况，我们来逐条破解。

2.3.1　尊重用户，精准营销

这一点看似简单，做起来并不容易。因为同一个人，兴趣点却会出现阶段性的变化。比如一个女性，对外形很在意，她关心的广告都是如何快速减肥，怎样保持好皮肤，但过一段时间，她怀孕了，她的注意力一下子就从美容减肥转移到了吃什么对胎儿好。这时候跳出来的减肥广告，很可能就会被其列为"骚扰广告"。

怎么办呢？有的平台在这方面就做得很好，比如"你关心的，才是头条"。发现用户近期在关注什么、搜索什么后，主动推荐，这种广告的点开率高，不会被用户反感。用户有一种被尊重的感觉：这是为我量身定制的。

还有一种办法，就是给用户选择的权利。2015 年农夫山泉在几个视频网站投放了一则时长为 135 秒的视频广告《最后一公里》，但出乎意料的是，广告开始前，低沉的男声提醒出现了：农夫山泉提示您，此广告可无条件免费关闭。

可以想象，用户们已经被视频网站 60 秒甚至更长的广告"折磨"得烦不胜烦，农夫山泉来了这么一招，用户心里在说"谢谢你可以关闭之恩"，然后对它好感度倍增。

这则广告播出不久就刷屏了，当时还被业内称为国内视频网站广告诞生以来，宣传效果最佳的一条广告。后台数据显示，直接跳过农夫山泉广告的用户只占 30%，接近 70% 的人观看时间超过 30 秒甚至看完，甚至有很多留言称是专门来看农夫山泉广告的。也有网友自觉转发了广告，并评论：广告做得走心、精美也就罢了，偏偏还这么人性化，去超市买水的时候自然也会对它更关注一些。

除此之外，我们在做文案之前，也要考虑怎样才能让用户感觉没有被打扰。比如微信朋友圈，原本就是用来看朋友近况的，如果文案做得比较有人情味，而不是冰冷地插入广告，会不会就能好一些呢？I Do（婚戒品牌）曾经在微信朋友圈投放了一支 MV（音乐短片），文案是：

陈奕迅唱《I Do》给你听，一生"I Do"，一声我愿意。

没有产品植入，只是与陈奕迅共同演绎从牵手到白头的爱情。但这则"最不像广告的朋友圈广告"，却准确地传递出了品牌的价值主张，不但不会被讨厌，反而情意满满，让人欢喜并引发讨论。

这则广告的最高境界，就是让用户感受不到广告的存在，而当成是平台本身的内容。如果实在做不到，就在要打广告时提前告知，以表尊重吧。

2.3.2　尽可能地让广告与用户搭上关系

如果男性用户浏览微信时看到一则广告"女生生理期需要注意什么"，这样的广告与男性无关，但是如果再加上一句"为你的女朋友或妻子备着，肯定有用"，是不是就变得与他相关了？

一则卖电饭锅的广告，如果用户家里已经有类似产品，并且没有购买的打算，怎样才能变成"与用户相关"的信息呢？简单！与用户关心的话题联系起来！"孩子不爱吃米饭？也许是电饭锅的错！"

如果换成炒锅呢？你可以写"不想被油烟熏成黄脸婆？试着换口锅"。孩子、爱人、美容，这些经常被关注、经常被谈论的话题，比你卖的炒锅、电饭锅本身要有趣多了。

2.3.3 把广告做得有趣起来

其实冷静下来想想，街头广告上的美人，本身就是城市里的一道风景线。如果电视不插播广告，连续追几十集电视剧，也是一件很累的事情。这么说来，广告有时候是可爱的。

接过传单一看，密密麻麻没亮点。路过垃圾桶随手扔掉！网络视频前的广告，声音太大好吵！微信朋友圈的广告，卖面膜的微商总是"卖爆了""热销中"这样的说辞，硬生生暴露了她的文化程度。

"天天发一样的，有没有点新意？"

"无趣！"

"低俗，雷人，没内涵！"

这是大众对烂广告的吐槽，说明很多人并不讨厌广告，而是讨厌它们不够好！

那么，在不影响用户体验的情况下，尽量把广告做得精美有趣吧！记得看过一则脱毛广告：

脱了毛，你就是明星！

不脱毛，你就是猩猩！

诙谐的文字配上设计精美的图片，让人看了忍俊不禁。看看下面这则来自我国台湾地区的全联超市的广告吧，一定超乎你对超市广告的认知。

平常都在当义工，今天总算有空写些东西，

找了半天的老花眼镜，没想到被我戴在头上！

孙女的红萝卜排骨汤还在熬，再炖软点的好，

想想，我不就是家人一辈子的义工吗？

不过，我倒是乐在其中。

想起昨天被牌友胡了一把，笑我眼花打错张，

谁说我老花眼，谁贵谁便宜我看得一清二楚。

我晚点还要去全联帮孙女买麦片牛奶当早餐呢！

不像我们平日里见的超市广告一样，大张旗鼓贴满了促销标签，大幅海报上赫然写着"年终大促"，而是以一个精打细算的老人的口吻说"谁说我老花眼，谁贵谁便宜我看得一清二楚"，富有意境，充满人情味。这样的广告，谁还能说讨厌它？

2.3.4 广告里藏福利

在调查中发现，用户虽然讨厌营销，但如果广告里有微信红包，他们还是很乐意接受的。很多营销活动就是这样开展的。

这是人性中典型的互惠心理。我看你的广告，你给我好处。当然，福利不止于金钱。很多公众号里经常发广告，却仍有很多粉丝主动点开，原因就是它不给你红包，却可能教你如何赚钱，或者推送对你有实际价值的内容。

2.3.5 把控投放频率和内容，分阶段照顾用户感受

前面说过，用户对反复播放的广告很讨厌。笔者在公司做企划部总监的时候，也经常会陷入迷茫：广告应该多久投放一次？投放多了让人厌恶，投放少了效果打折。还有产品的那些卖点，到底要不要每次都重复？老是这样重复，用户不烦吗？

后来终于发现了问题所在：每次写文案前，我们容易忽略一个问题，文案是写给老用户，还是潜在用户？

其实营销过程与人们之间从陌生到信赖的交往过程是一致的，我们把营销大体分为 5 个阶段，如图 2-1 所示。

1. 初识期

你的一个新品牌或者新上市的产品，用户对其一无所知，只知道你希望赚她的钱，因为你是商家。也可能没意识到你的产品对她有用，此时你让她马上掏钱可能吗？文案需要做的是观察用户有什么不能解决的困难，告诉她：我可以解决你的问题。

这时候，一切都是新鲜的，你大可以频率高一些，尽可能地出现在她能看到的每一个场合，混个熟脸。

2. 观望期

这个阶段，用户已经听说过你的产品，也知道解决方法，还没决定买你的

还是竞争对手的产品。文案就要告诉她：我的产品更适合你。

你的广告频率可以暂时保持，加深印象。内容可以有适当改变，靠独特的亮点吸引你的用户。

3. 意向期

为了击败其他竞争者，你拿出第三方权威证明，并承诺售后服务。用户已经有了意向买你的产品，但又担心你说的不是真的。这时候你需要让她进一步了解你的优点，并告诉她：我的产品值得信任。

不要太急，广告攻势不要太密集，但一定要保持杀手级卖点和信任背书。

4. 成交期

到这一步，用户已经行动购买，销售取得成功。

取得阶段性成功了，还需要巩固。广告可以时不时来点小高潮，周年庆之类的，让人眼前一亮，重燃激情。

5. 复购期

你们的互动持续进行着，用户认可你，喜欢你，一旦有需要，她就会毫不犹豫地购买你的产品。看看那些国际大品牌吧，即使有了一定地位，还是要保持一定的投放频率，不要让用户忘记你。

怎样持续播放广告，还能不让用户烦？不妨根据你的品牌发展阶段，尝试一下系列广告吧！品牌战略和口号可以不变，创新也是必要的。

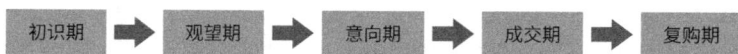

初识期 ➡ 观望期 ➡ 意向期 ➡ 成交期 ➡ 复购期

图 2-1 营销的 5 个阶段

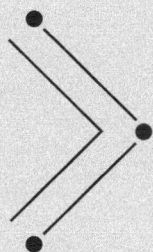

第 3 章

看了你的文案，用户马上在别人家下单了

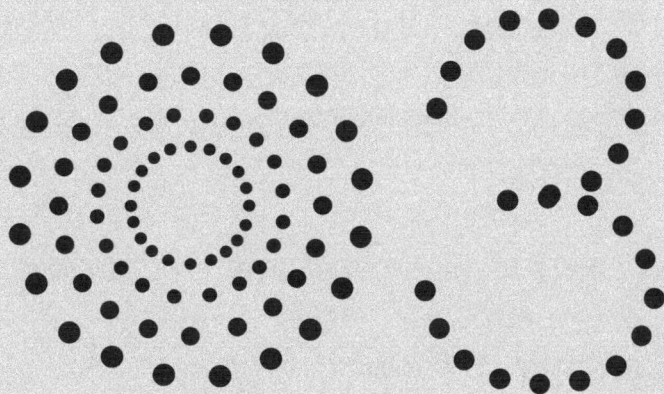

03

3.1 文案到底卖什么？

要钓鱼的话，就要知道鱼儿想吃什么。卡耐基的《人性的弱点》中也有一句充满智慧的忠告：唤醒他人心中的渴望，能做到的人掌握世界，不能做到的人将孤独一生。那么，想推销产品，就要对用户形成适度的刺激，这有两种方式：

（1）正向刺激——拥有了我的产品，你的人生将变得更美好；

（2）负向刺激——不用我的产品，你的人生将变得很糟糕。

而文案要做的最重要的事情，就是制造这种刺激，也就是用户唤起。唤起恐惧，唤起冲动，唤起欲望……利用这个思维，我们还可以做出更大的延展：卖健康，卖自由，卖希望……

3.1.1 贩卖梦想：用户买的不是房子，而是温暖的家

虽然奔着赚钱的目标，但商业的本质还是为了让世界变得更美好。用户花钱有两个目的，一个是解除痛苦，另一个是追求幸福。

国外有权威专家通过研究证明，花钱可以获得幸福感，还写了一本书叫《花钱带来的幸福感》。

每个人都是有梦想的。

小的时候，梦想就是有一天能够考上大学。等真的上了大学了，梦想有一天能追到心仪的女生。毕业以后在异乡奋斗，梦想有一天能在这座繁华的城市拥有自己的小屋。有房有车后，又梦想有一个自己的公司，带着一帮人实现他

们的梦想。

看看，人性总是不满足的，所以人生梦想是不会间断的，一个梦想实现了，下一个梦想就会随之而来。实现梦想的过程中，就产生了消费。

要考大学，可能会报个课外辅导班；要追女生，可能会买玫瑰，准备烛光晚餐，布置求爱仪式；想在都市扎根，就要买房子，买家具，还要装修……

每一个梦想的实现，都需要消费做支撑。看，营销人的机会来了。你有一种神圣的使命：你的产品能让人体验到一个个梦想实现带来的幸福感。正如马云说的："梦想总是要有的，万一实现了呢？"从这个意义来讲，好文案都是好的造梦人。

用户买汽车，不仅买出行方便，也是买令人羡慕的地位、征服的欲望。女性买化妆品，不仅买好皮肤，也是买自信、回头率。我们做文案，就是在用户的现状与其梦想之间搭建一座桥梁，这座桥上就是你的产品。

万科地产就非常懂得漂泊的年轻人的渴望和梦想——他们在城市买房，不只是为了找个住的地方，而是想要结束漂泊，在陌生的城市找到归属感，找到温暖。

> 最温馨的灯光一定在你回家的路上。
> 如果人居的现代化只能换来淡漠和冰冷，
> 那么它将一文不值。
> 我们深信家的本质是内心的归宿，
> 而真诚的关怀和亲近则是最好的人际原则。
> 多年来，
> 我们努力营造充满人情味的服务气质和社区氛围，
> 赢得有口皆碑的赞誉，
> 正如你之所见。
> 卸下你心里的围墙，你会发现生活的原味。
> 不管竞争和戒备在那里蔓延，
> 你也无须把自己关闭。
> 我们深知和谐的人际环境将改变你的生活，
> 唤醒你深藏内心的美好向往。
> 多年来我们精心构筑和谐互动的人际交往平台，

潜移默化地塑造了一个个情感浓郁氛围亲和的社区，

正如你之所见。

同理，为什么那么多人报网上的付费学习培训课？因为他们有成就一番事业的梦想；人们为什么愿意花更多的钱去买品牌的东西？因为他们有追求高品质生活的梦想，甚至改变命运的梦想。运用这个原理，我们可以抓住各行各业用户的深层需求，然后写出唤起用户渴望的文案。

3.1.2 贩卖焦虑：人们潜意识里缺乏安全感

很多公众号文章，明知是"鸡汤"，却忍不住去点开，为什么？因为内心的焦虑和不安。

房地产：不要让今天的全款，变成明天的首付。

人是特别怕失去的。就像第 2 章里讲到的用户痛点，大多出于对未来不确定性的不安。

未安装儿童安全座椅的汽车中婴童致死率比已安装儿童安全座椅的要高 8 倍，受伤率高出 3 倍！

类似这样的焦虑营销早几十年就提出了，也被运用于很多行业，成就了很多成功案例。在有些问题上，人是"风险厌恶型"的，我们就可以利用这一点做营销。举个例子，你想说服别人平时要广交朋友，助人为乐，当你说"多个朋友多条路""赠人玫瑰，手有余香"的时候，人们可能不会在意，当成耳旁风听听就过了，而如果你说"当你出事的时候，有多少人会站在你背后"，就可能会引起别人的注意力。

那么，所有的焦虑营销都能促成用户行动吗？什么样的焦虑营销才能让事情向着我们预想中的方向发展？

1.提出具体明了的不安感，不能过于抽象

很多营销人反映：用户已经麻木了。你告诉他垃圾食品有致癌作用，他充耳不闻，照吃不误，丝毫不理会你推荐的绿色健康食品，为什么呢？因为那些论调过于抽象，用户心里没有一个明确的概念，所以就不以为意了。

事实上，对于一个爱吃炸鸡的女孩，你说吃垃圾食品致癌，还不如朋友圈晒的"反手摸肚脐健身照"对她更有冲击力。对于一个失去斗志的宅男，你说实现个人理想之类的话，还不如他朋友晒的"兼职收入"更刺激。焦虑营销的目的就在于，给你一种落后于人的落差感，催促着你赶紧行动，有一天，让你也加入了你想追赶的人群。

2. 说出让人产生共鸣的焦虑感

"凌晨四点的北京""你的同龄人正在抛弃你""每天端着保温杯的中年危机"都在网络中引发了热议，这样的话题为什么能引起大家的共鸣呢？就是因为大多数人心中充斥着不安和焦虑，包括买房焦虑、加班焦虑、交通焦虑、婚姻焦虑。

某知名报刊曾分析过，所谓"焦虑"，其实是一种生活失去控制的感觉。人到中年收入在不断增加，生活也在蒸蒸日上。不过，这一切的前提都是生活的常态没有被打破。一旦遇到突发事件，财富或者人际关系都不一定能解决问题。

我们所见的传播广泛的焦虑营销案例，正是击中了人们心中绷得最紧的弦。值得注意的是，无论你提出哪种论调，都必须适可而止、具有可信度，否则就是造谣惑众。网络上各种养生谣言泛滥，虽然吓人不轻，但实则缺乏依据，经不起推敲，纯属无稽之谈。如果你想凭借文案卖货，有一条还是要牢记：要尊重事实，以激励为导向，避免产生潜移默化的"负面"影响。

3. 焦虑是可以解决或减轻的

接着上文所讲，用户已经被你吓得心生惶恐了。这时候，恐吓停止，该让希望出现了。告诉他，现在觉醒还不晚，你的那些威胁也不是很难解决。如果及时止损，你害怕的危险状况就不会出现了。

你害怕被同龄人抛在后面，就必须马上努力；你害怕中年危机、大腹便便，就从现在开始健身；你害怕跟不上时代，就马上报个班充电。

4.你的产品和服务是解决问题的最佳途径

什么是解决问题的最佳途径呢？先看几个例子。

没系安全带，司机被货车撞飞身亡。

如果这是某个卖保险的人写的文案，你会去购买他的保险吗？不系安全带会导致危险，那我以后开车记得系安全带不就行了？为什么要买保险？

显然，保险就不是解决车祸的最佳途径。这就是典型的坑太小，杀鸡用牛刀。不花钱就能解决的事，为什么要花钱？再说，你的保险并不能直接避免风险，只是减少损失。

再看一个例子。

再不爱护环境，地球就要毁灭了。

如果这是一个无氟冰箱的文案，你看了之后作何感想？一个无氟冰箱就可以拯救地球？无氟冰箱也不是拯救地球的最佳途径。这类属于坑太大，填不上。类似的还有京东金融的"你不必"文案。

你不必有什么户口，也不必要求别人要有什么户口。
你不必买大房子，不必在月薪一万的时候就贷款三百万。
你不必去知名的大公司追求梦想，你想逃离的种种，在那里同样会有。
你不必背负那么多，你不必成功。

这则广告懂用户，也懂人性。巨大的压力之下，有人告诉你，其实你不必，看起来真的大快人心啊，然而，广告对接的是京东金融旗下的"京东小金库"。

一个金融理财产品，能足以让你不必背负这些了吗？显然还不够！看完广告之后自己还是得按着原来的生活继续走下去。所以，这样的广告依然犯了坑太大、填不满的毛病。

而至于怎样可以获得职业提升的宝贵经验，你想推出的付费课程刚刚好能把自己挖的坑填上，不大不小，然后你只需要告诉用户，你的课程比你的竞争对手的课程好在哪里就可以了：是讲师更知名，还是课程更实战？当然你必须做出精品，质量经得起用户的检验。

3.1.3 1秒测试你的文案能不能吸引人

在电脑上使用百度的时候，右侧会自动出现"搜索热点排名"。

如表 3-1 所示，这几个新闻放在一起，你会先注意到哪个？作为一名吃货，我第一眼注意到的是"麦当劳改名金拱门"。什么？以后想吃麦乐鸡腿堡，要去"金拱门"？太不习惯了！太意外了！6 元馒头、一盘番茄炒蛋，控制不住吃货的内心，我还是好奇地打开看了。

我又问了身边很多朋友，经常开车出行的人会关注"交通事故处理新规"；如果他是米粉，他可能就关注"小米递交上市申请"。于是就得出一个结论：在信息满天飞舞，眼球稀缺的时代，用户会选择打开什么样的信息？

（1）自己喜欢的，或者跟自己（或家人）有关的；

（2）新、奇、特的信息（包括违反常态、出乎意料、闻所未闻的事物）。

表 3-1 热点新闻示例

"五一" 1.47 亿人出游	麦当劳改名金拱门	女子穿五年汉服
人大 6 元馒头走红	团体赛双人滑失误	希腊雅典地震
一盘番茄炒蛋刷屏	小米递交上市申请	交通事故处理新规

这个结论用在文案上，可以 1 秒测试你的文案能不能吸引人，如表 3-2 所示。

表 3-2 测试文案是否足够吸引人（1）

"五一" 1.47 亿人出游	麦当劳改名金拱门	女子穿五年汉服
人大 6 元馒头走红	准新娘们有福了，拍婚照送婚纱！	希腊雅典地震
一盘番茄炒蛋刷屏	小米递交上市申请	交通事故处理新规

就像上图的表格一样，你把自己的文案与其他信息放在一起，给目标用户看，看看他能不能一眼挑出你的广告，并且点开。

这个测试可以反复进行，直到你觉得效果满意为止，如表 3-3 所示。

表 3-3 测试文案是否足够吸引人（2）

"五一" 1.47 亿人出游	麦当劳改名金拱门	女子穿五年汉服
人大 6 元馒头走红	收入翻 20 倍，他只用了 1 年	希腊雅典地震
一盘番茄炒蛋刷屏	小米递交上市申请	交通事故处理新规

3.2 热点不等于卖点

有段时间，"旅行青蛙"特别火，各大品牌纷纷出来蹭热点。

汉堡王：再也不用担心我的呱出门饿肚子了。

某品牌空调：不管你旅行到哪里，温暖一直在家里。

"热点"的最大作用是刺激神经，好比你经常吃得清汤寡水，突然有个朋友请你吃一桌海鲜大餐，是不是瞬间很兴奋，很激动？

但如果很多个朋友每天都请你吃大餐，你会不会腻，会不会烦，会不会拒绝？热点也是这个道理。

3.2.1　忙着蹭热点有用吗？

热点可以蹭不？当然可以。看看每一次热点事件，都会出很多"10万+"阅读量的爆文，就说明借势于行业热点、社会热点，是一种必要的营销技巧。当大家都在关注一件事情时，你的发声也更加容易被关注。但是蹭热点不可盲目，以下几点需要注意。

1. 三观要正

节日类、赛事类、娱乐类、行业类这样的新闻，那就尽管放心大胆地蹭吧，皆大欢喜。如果是时政类、灾难类、负面类的热点，对于品牌而言，就需要谨慎了。因为你的发文都要表达自己的观点，那么这些观点在大众眼中就代表了品牌的态度和价值观，一旦出现三观不正、无原则、无底线的发声，就会赚了流量，失了民心，对后期的推广很不利。

比如几年前长春婴儿事件后，某4S店借此话题发微博，声称买车要选更高科技的品牌，瞬间万人转发，但最终影响不好，删除又道歉。

从营销角度讲，这个热点蹭得可以说是赚足了眼球，产品优势和热点也结合得很棒。但是，看看评论区网友们的态度吧，一致声讨"哗众取宠真的有点low（低端），不要以为这文案会提高销售业绩"。

也许该微博运营者还为蹭了这样一个"大热点"引起轰动引以为傲，甚至不少营销人也将此当作成功案例，却没有意识到如此追热点给企业形象带来的负面影响。

如果站在老板的角度反思一下：曝光度提升后，你的品牌销量提高了吗？这样三观不正的企业文化，已经戳中了用户的底线，用户会拥护吗？

如果你是企业文案人，比较聪明的做法是，蹭热度前先看看大众的反应吧！个人自媒体可以在观点上标新立异，发出异见，而做企业宣传带着营销目的，首要任务就是与用户保持统一战线，所以最常用的办法还是用主流观点去解析事件。

2. 节点要准

热点总是来得猝不及防！有个段子说营销人都是半夜起来蹭热点的，不管你在吃饭还是睡觉，热点一出就得抛下一切。那么你的速度足够快吗？你能快速写出一篇热点爆文吗？你能在短时间内找到合适的切入点吗？对于这类突发热点来说，速度越快越好，错过了事件发生的黄金 24 小时，也许效果就会差很多。

也有一些非突发性热点，比如一部热播电视剧，要播很长时间，不同的进度阶段都有不同的热点可以蹭，营销人一定要把握这个节点。

如果你卖一个化妆品的品牌，你蹭热度说，电视剧里让人恨之入骨的反面角色使用的化妆品就是你们公司的品牌。这个时候流量是带来了，但也会被骂声淹没。电视剧中人物的负面印象可能也会被大众顺带嫁接到你的产品和品牌上，给品牌造成名誉上的损失。

因此在大流量的诱惑下，一定不要激动，要保持清醒的头脑，多问自己，怎么追热点？在哪个节点追？能不能找到合适的点，通过蹭热度增加品牌的知名度或美誉度，甚至直接促成销量上升？

3.2.2　动笔前，想好热点与产品的关联

每次热点一出，就有成千上万的营销人去哄抢，觉得借势也许会让自己的产品大火，但实际上，大多数的蹭热点都变成了品牌去迎合热点，帮助热点继续放大，反而让人们忽略了"品牌"本身。

2017 年有一部很火的电影叫《摔跤吧！爸爸》，票房居高不下，一时间借势文案满天飞。但是，只是借势蹭蹭热度就完了吗？如果你是个人号，除了求点赞外没有其他目的，你大可以写写"《摔跤吧！爸爸》被删掉的爱国精神"这样的文章，抒发一下爱国情操也就完事了。但如果你是商家，或者是每月拿薪酬的文案人，请别忘了，你的目的是销售！再不济，也是推广你的品牌和项目。所以，要从品牌出发，找准视角再发声，把你想传达的内容牢牢锁进用户心智中。

如果你做的是少儿培训教育，你可以写：

《摔跤吧！爸爸》做一个帮孩子实现梦想的家长。
《摔跤吧！爸爸》爱孩子，就给她面对全世界的勇气。

如果你做的是个人成长类项目，你可以写：

《摔跤吧！爸爸》现在的努力是为了将来有更多选择的权利。
《摔跤吧！爸爸》梦想属于一类人。
《摔跤吧！爸爸》从出生到死亡，你的人生就是场摔跤赛。
《摔跤吧！爸爸》成功之前，谁不是一路被人看不起？

如果你想售卖营销类培训课程，你可以写：

《摔跤吧！爸爸》11亿票房背后的口碑营销策略。
细数《摔跤吧！爸爸》的营销方法。

而如果你是为健身房做广告，也可以找到贴合自己品牌的视角：

体脂率从37%减到9%，《摔跤吧！爸爸》教你健身的真谛。
比摔跤更有效的健身法。

看看！1 000个人眼中有1000个《摔跤吧！爸爸》，出发点不同，你所要唤起的用户需求不同。因此你需要把用户引到你想向他传播的产品或服务上来。

我总结了一下，把热点与自身产品联系起来其实并不难，一个表格即可说明，一看便知。比如我们看到一则新闻："截至5月19日，印度男星阿米尔·汗主演的《摔跤吧！爸爸》票房轻松破5亿，创下新纪录，一路开挂。"我们可以做一个表格，列出产品属性和热点关键词，尝试排列组合找到关联，如表3-4所示。

表3-4　将产品属性和热点关键词排列组合

产品属性 \ 借势热点	健身房	教育机构	影评工作室
阿米尔·汗	这些健身方法，阿米尔汗也用过	演员的自我修养	阿米尔·汗出品，必属精品
摔跤	比摔跤更有效的健身法	"摔"出来的教育	真实故事改编的励志电影，超燃
爸爸	有一个爱健身的爸爸是什么体验	父亲教育孩子的5大好处	盘点那些跟父亲有关的电影

这样一来，是不是清晰很多？

3.2.3　文案与产品，要有一样的调性

你可以学其他文案借势营销，却不可以盲目模仿其他文案的调性。试想，你公司品牌的文案，向来是这样的风格：

秋天已见夏天的尾巴，

气温每天都下跌一个拥抱的温度。

突然有一天，你模仿起了杜蕾斯文案，变了画风，品牌还是那个品牌吗？原来的粉丝会买账吗？

顺便说一下，杜蕾斯文案的精髓，是将文案与产品特性巧妙融合，幽默而不低俗，让人看后会心一笑。如果被模仿成了低俗风，用户不会觉得有趣，只会厌恶。

最好的做法是，选择符合品牌一贯主张的热点去蹭，让"热点"本身也变成品牌的一个载体，来承载原本就有的品牌文化。千万别被热点带偏，也别被别人的成功带偏。让热点将不符合品牌的调性煽出来，无异于丧失了品牌的个性，让人感觉张冠李戴。别忘了，当初你是因为什么被你的用户选择的。

3.3　不下单的都不是真粉丝

以前的文案人在广告大规模投放且没有确切统计的假象里，还可以自顾自狂欢。很多广告人甚至因此沾沾自喜，说因为某则广告，××产品的销量一年内从×万元飙升到×亿元。而现在的互联网文案，没有了企业砸重金多渠道投广告的遮羞布，后台惨淡的数据就赤裸裸地暴露在众人面前。

但与此同时，很多互联网文案动辄就把阅读量"10万+"当作至高荣耀，一面享受着每次刷新后阅读量又增加的快感，一面被老板敲着桌子喊"业绩！业绩"。残酷的事实就是，文案追求的"叫好"并不能为企业带来利润，"叫座"才是老板不变的追求。那么，这里就涉及一个词：转化率。

文案人不是明星，没有粉丝。文案的高转化率，势必需要更好地与用户进行沟通，走下神坛，回到群众中来，了解他们的需求，然后提炼出更具吸引力、说服力的文案，让他们自动掏腰包。笔者总结，具有吸引力的文案大概有以下几种。

3.3.1　让人脑补画面的文案

最温馨的灯光，一定在你回家的路上。再名贵的树，也不及你记忆中那一棵。

——万科文案

她像夏日里路过的一阵风，清淡自然，却回味悠长。她喜欢穿什么逛什么？棉麻、长裙、草帽，日式杂货店、咖啡馆……

——步履不停文案

看这些语句的时候，你是否会忍不住脑补画面？这些具体形象的、视觉化的表达，让人看起来基本不需要逻辑推理、深度思考。与那种语言华丽，或者生涩难懂，理解起来需要耗费大量的精力的文案相比，具有鲜活画面感的文案当然更讨喜。因此每个称职的文案，都该专门进行画面感修炼，也就是把所有想要表达的东西具象化。

1.描述细节

比如你跟人炫耀说，昨天你在机场看见某位女明星了，然而别人不信。这时候，你就描述昨天几点几分在什么机场哪个拐角处，她穿着 A 品牌的过膝连衣裙、白色绑带凉鞋，挎着 B 品牌最新款的蓝色包包，戴着一顶紫色宽沿帽，居然还自己拉着行李箱……这样描述，别人不信都难。

举一个小饭围众筹宣传文案的例子。

每一粒米都有态度，

无 | 法 | 复 | 刻 | 的 | 精 | 准，

粒长 6.5mm，粒宽 2.2mm，

子实饱满敦厚，

每一毫厘都源于自然的鬼斧神工。

"粒长 6.5mm，粒宽 2.2mm"，看到这句，很多人的脑子里就会自动生成五常大米的样子了吧？如果去掉这句，其余的文字还有多少说服力？

2. 营造场景

很多时候，你说得天花乱坠用户都不一定买单，因为所有的消费行为都有消费场景。比如，独自一人漂泊的时候，就特别想有个属于自己的房子；夏日午后，去喝杯咖啡会很惬意；看到妻子在厨房被油烟呛到，就特别想买台抽油烟机……很多经典文案都是这么来的。

农夫山泉有点甜。

人头马一开，好事自然来。

饿了别叫妈，叫饿了么。

很多情况下，用户意识不到自己需要某件东西，如果我们想把一件新品推销给用户，让他意识到自己需要它，最好的办法就是营造具体场景。

3. 描述可见、可听、可操作的实物

"高端""享受""大气"都是什么？这类虚幻的词自然无法形成画面。文案想写出画面感，就要尽力避开那些抽象的词汇，抱着画一幅图、拍一部电影的心态来叙述，用充满张力的词语，让用户眼前一亮。最简单的检验标准就是，你描述的事物，你能否画出来？你笔下的动作，你能否做出来？如：

枯藤老树昏鸦，小桥流水人家。

用子弹头放倒敌人，用二锅头放倒兄弟。

喝杯水都能感知的重量。

再看看印度文案大师 Freddy Birdy 撰写的这组主题为"如果没有人陪伴，连茶的味道都会不一样"的文案，从中我们能够更深刻地感受到画面感文案的感染力之强。

倘若你想醒来时躺在另一个人的怀里，

而不是空荡荡的床上，怎么办？

倘若你在等待门铃响起，却没有一个人来，怎么办？

倘若你穿上一件新的纱丽，

但只有你的镜子注意到了，怎么办？

倘若你做了一道刚学来的菜，

但餐桌旁总是只有你一个人，怎么办？

这样生动的描述，是不是也成功唤起了你对孤独的恐惧？

3.3.2 让他尖叫！

能让用户尖叫的文案，必定是调动了用户的一个情绪——"惊"！用户惊的程度越深，越乐意议论、分享。"惊"包括惊喜、惊讶、惊恐这三种情绪中的一种。所有的"惊"都离不开出乎意料，也就是跟想象中成强烈反差。就像对于普通人挤地铁、吃路边摊，我们不会有什么反应，但某首富之子挤地铁、吃路边摊，也许就上了热搜。再如，突然有一天专家告诉你，你经常吃的某两种食物是相克的，同食的后果非常严重，你会不会惊着？那么作为文案人，怎样才能让用户惊呼？

1.违反常态的意外事件

月赚 2 亿元的他，比月薪 5 000 元的你更难受。

每月流水 50 万元，一算居然还赔钱……

2.脑洞大开的夸张

夸张，离不开文案的脑洞，以一种强烈的表达方式强调和突出事情的某一个特征，会带来强烈的视觉感官效果。

今年二十，明年十八。

——某化妆品文案

但夸张不是欺骗、不是扭曲。"飞流直下三千尺"是夸张，"听了这堂课年薪翻 5 倍"就是欺骗。

3. 段子式的神转折

很多相声和段子手也深谙此道，所以有了冷笑话的效果，让人过目不忘。如下为某品牌冰咖啡的广告。

暴风雨之后，不仅没看到彩虹，还感冒了。

为什么她不给你的朋友圈点赞？不是她对你的内容不感兴趣，而是她对你不感兴趣。

谢谢那些击倒我的人，躺着好舒服。

他不停地健身，三个月后，他变成了一个爱健身的胖子。

当然我们做文案，最希望的是能给用户带来惊喜，超出用户期望值。常见的优惠活动就是这个销售逻辑。"平时 599，限时特惠只需 399！"超市做活动时，把商品原价写出来再划掉，就是为了给用户一个占了便宜的惊喜效果。

3.3.3 与其说教，不如讲故事

笔者认为，要想成功，就要先让自己成为有故事的人，无论是品牌还是个人。这个时代，每天都能产生大量奇迹。一个本来名不见经传的小人物，有可能一夜之间就成为世人皆知的网红。比如有一阵很火的"跳舞的拉面小哥"。

跳舞这事没什么稀奇，拉面也司空见惯，但是两件平常的事结合在一起，就有了故事。举个我之前一个客户的例子。她原本是一个寻常的美容机构老板，但通过策划，塑造出一系列的传奇故事，迅速走红成为行业明星："一个 40 多岁的单亲妈妈，白手起家创造了美业集团，并与小她 20 岁的帅男友步入婚姻，收获了幸福！""美容行业最会画画的老板，10 年时间将分部开到了世界各地！"这些都成为了用户茶余饭后的谈资，不自觉就为她做了广告。

同样一个企业，有故事的老板就是最好的营销武器。不然，董明珠为什么不介意成为话题女王，甚至在众目睽睽下跟雷军对赌 10 亿？刘强东娶了奶茶妹妹，一夜间让京东名声大噪。如果不是陈欧"为自己代言"，很多人根本没听说过聚美优品。如果没有那篇霸屏的创业故事《我为什么要辞职去卖肉夹馍》，西少爷肉夹馍可能只是个再寻常不过的路边摊。很多时候，别人看似靠运气的成功，更多是背后团队的头脑风暴，精心谋划。

笔者认为，这点在品牌文案和产品文案中也屡试不爽。举个例子：2014 年北大的宣传片《星空日记》。

在来到北大之前，我已经成功地忘掉了自己的梦想。

五岁。第一次因为梦想挨打。

十六岁，第三十一次因为梦想被嘲笑。

十八岁，母亲去世，家里欠债，大学志愿改报经济专业。

我家里很困难，我长得很困难，我的梦想让人为难。

今天起，

我不会再让人笑我，

北大，会是我的新起点。

……

我努力把自己的生活做成一张全是对勾的表格。

……

我实现了自己的目标，就业中心传来的消息，我在全班第一个获得了国际投资银行的工作邀请。

我不用再担心有人笑我了。

其实，北大原本可以讲述自己是百年老校，出了多少名人。但北大偏偏选择了讲故事。把招生宣传片做成了一个从小梦想摘星星的男孩的日记，很多同学说，这个片子燃起了久违的青春活力。里面的故事和一幕幕的场景都非常真实，也非常励志，不知不觉就被打动了。

但商业文案中的"故事"，没有很大的篇幅供你挥洒，所以要在最短时间内抓人眼球。以褚橙的故事为例。

如果你不认识他，你的父辈一定听说过他。他就是褚时健。

这个昔日的"烟王"是中国改革史上绕不开的人物。

75 岁高龄，在经历人生低谷后，他重新出发。

85 岁时，他携耕耘 10 载的"褚橙"回归时代的大舞台。

11 年辛苦劳作，当年从湖南引入的普通橙树在哀牢山中脱胎换骨，25 万株橙树在 2 400 亩橙园中葱茏。

如今 87 岁的他已当之无愧地成为了一代"橙王"；他的"褚橙"，也成为被赋予精神内核的甘甜符号。

人生总有起落，精神终可传承。

年已耄耋的褚时健，依旧用行动书写着传奇。

1. 剧情跌宕

昔日烟王，今日橙王，经历人生低谷后重新启航。这样的故事本身就带有传奇色彩，引人入胜。

2. 细节解读

"11 年辛苦劳作，当年从湖南引入的普通橙树在哀牢山中脱胎换骨，25 万株橙树在 2 400 亩橙园中葱茏。"数字描写让故事更加真实可信。

3. 精神传递

"人生总有起落，精神终可传承。"这样的归纳非常有代入感。对不同年龄段还在奋斗路上的人们都是一种激励，令人振奋。

如此一来，褚橙不是普通的橙子，而是一部老骥伏枥、志在千里的励志创业故事。运用上面的三点，我们可以写出创始人故事、产品故事，让故事长腿自己"跑"起来，成为人们津津乐道的话题，从而将品牌传播更远。

3.3.4　先信任，后成交

笔者一直强调，文案的作用是引导，但引导不是误导，更不是吹牛和撒谎。像我们常见的那种"已有 8 000 000 000 转发了"，最开始出现这种写法的时候还有人信，但现在的作者动不动就来这一套，不但引导不灵，还给用户留下了不可信的恶劣印象，以后再想挽救就难了。

用户对事物有基本的判断，别总想着去颠覆别人的认知。静下心来，把你讲的事变得合理化，用户才会相信。

有一次公司新上了一个美白项目，我叫大家起一个很有吸引力的标题。有一个文案的标题是"一夜之间变成白富美"，这只是看起来很有吸引力。皮肤变白是循序渐进的事，一夜之间让皮肤变白就特别不靠谱，而且一个美白项目也没有那么大魔力把丑小鸭一夜之间变成白富美。这已经超出了大家的认知了，所以用户不相信你。

让文案变得可信，就又跟前面提到的具象化联系起来了，可以通过具体化、数据化、合理化等手段，塑造真诚的形象。

1.打比方，做类比

描述抽象、生涩或不被大众熟知的东西，想少费口舌，我们常常喜欢用类似且更通俗、常见的事物来打比方，让深奥的事情浅显化，让抽象的事物具体化，让含蓄的东西形象化。例如小米手机：提亮肤色，自拍照像刚敷过面膜般水嫩，像化妆一样精细美颜。AI 美颜就是你的专属化妆师。

2. 利用数字与数据

比如，描述一款很棒的新款手机需要大量参数。什么型号处理器？多大内存？多少像素？电池容量多少？……这些数据就比"高端""黑科技"这样的词更具有可信度。

空调：每晚低至 1 度电。

手机：充电 5 分钟，通话 2 小时。

3.可验证

我说我长得像芭比娃娃，没几个人相信，但如果我拿出照片，可能你就信了，这就是所谓的有图有真相。

一张可验证的图片或证书，胜过千言万语。所以人们要挤破脑袋去考各种证，比如医师证、律师证、会计证，可谓是有证走遍天下，无证寸步难行。文案也是这样，给你的文字配上证书、图片，可信度瞬间提升。

4.借第三方背书

淘宝为什么会出现那么多明星同款？品牌为什么会找明星代言？在大众的认知中，明星用的产品不会差，第三方机构是中立的，比较可信。所以很多产品的文案都会亮出第三方背书。

如果实在没有这些背书怎么办？其实还可以让"大多数人"做信任背书。比如我们网购的时候实在不知道该选哪家，可能就会点击"按销量排序"，选购买人数最多的，肯定不会错。再如我们出去吃饭，不知道进哪家店，看到有一家店门前排起了长队，我们就会认为"这家店的东西一定差不了"。香飘飘奶茶深谙这一点，所以有了那句流传很广的广告语："一年卖出 3 亿多杯，杯子连起来可绕地球一圈。"

此外，还可以用"个例背书"，比如"他原本学习比你差，自从运用新的学习方法后，居然考进了年级前三"，再如"连隔壁王大妈这么挑剔的人都说这家店不错"。这种反差也容易让人相信。我们常见的广告中的对比照，就是运用了这种方法。

5.合理化解释

举一个很简单的例子，我想请假。第一次，我说："老板，我有急事，想请假一天。"这时候，老板犹豫，怀疑。第二次，我解释了理由："我昨晚吃坏肚子了，可以请一天假吗？"这种情况下老板一般都会同意。解释清楚一个现象，大家才会更相信你。

对于新产品，怎么跟用户解释你的好？现在的用户越来越理性了，知其然，还要知其所以然。所以不妨告诉他，原来是这样办到的。正如 OPPO R11 的广告语，摒弃了之前"这一刻更清晰"，改成了有理有据的"前后 2 000 万，拍照更清晰"就合理多了。

6.把文案放到人性里去

人只相信自己愿意相信的东西。把用户当成闺蜜，不讲术语，把枯燥的说法、理性的分析，转换为博其欢心的话。

你值得拥有。

——欧莱雅

你本来就很美。

——自然堂

曾经就有人告诉我，因为喜欢自然堂这句广告语，好几年一直用自然堂。还有曾经在朋友圈很火的一篇文章：

去年的衣服，怎能配得上今年的你？

作为文案人，我们只需要告诉用户：你很漂亮，就是缺一支口红，要是再配上一串耀眼的项链，一个时尚的包包，哇，女明星也没有你漂亮哦。

3.3.5　直指人心，引发共鸣

一篇公众号文章，别人读完后为什么要帮你转发分享？一个营销文案，别人看完后为什么要掏腰包？

最好的效果，自然是别人看完后发出惊叹"对呀，你怎么知道？"或者"还是你懂我"。共鸣产生后，接下来的一切就顺理成章了。

很多文案的日常习惯是先写文章，努力创造共鸣，这本身就是个错误。只有先找到共鸣再下笔，才有可能达到想要的效果。谨记下面三条，离创造共鸣就不远了。

1.别追求所有人都是你的用户

你跟同事去"撸串"，你馋得口水都要淌到地下了，她却说好恶心，这就是没有共鸣，分分钟绝交的节奏。你不能要求所有人都爱"撸串"，只需要找出跟你"能吃到一起"的小伙伴即可。

如果你要推的是一个美容项目，那么只知道用户是女性是远远不够的。她们多大年纪？是全力打拼的职业女性还是相夫教子的全职太太？生活习惯如何？经常出入哪些场合？她们的业余喜好是瑜伽健身，还是种花养鱼？并且通过这些信息勾勒出用户画像，深究她们的人生观价值观，并上升到心理洞察：她们从这个服务项目能够得到什么样的心理满足？

如多年前有一则国外的汽车广告：

我用买这部车省下的钱，将儿子送进了 ×× 大学（贵族学校）。

这则广告非常完美地赋予了一部高性价比的汽车另一种意义。这对于它的用户——上有老下有小的 40 多岁中年男人，绝对是心灵的刺激。买了这部车，儿子的大学学费就省下来了。

2.别去讨好用户，而是成为他们的代言人

给女人看的文案，男人不喜欢又如何？给农民工兄弟看的文案，文艺青年嫌弃又如何？

而乔布斯那样的天才，根本不需要做什么市场调查。他说："许多时候，人们不知道他们要什么，直到你把成品放到他们面前。"乔布斯时期的苹果，完全就是乔布斯在为自己定制一部完美的手机。他知道自己真正想要什么，他对细节吹毛求疵。而苹果的定位人群则是——非同凡响的人。

> 向那些疯狂的家伙致敬！
> 他们特立独行，
> 他们桀骜不驯，
> 他们惹是生非，
> 他们格格不入，
> ……
> 因为只有那些疯狂到以为自己能够改变世界的人，
> 才能真正地改变世界。

是的，乔布斯本身就是非同凡响的人，没有谁比他更适合代言苹果。雷军，一个真正的手机发烧友，曾经写信给诺基亚公司提出手机改进意见，可惜没有被采纳。所以才有了小米的定位——为发烧而生。他自己痴迷数码产品，在发布前就为用户尝试了所有体验，为黑科技疯狂。

作为文案工作者，如果你本身是所推产品的用户代表当然最好。如果不是，那么，别尝试着去猜测用户，乖乖地去了解你真正的用户，与之深入交流，越小众的产品，赢得共鸣的可能性越大。

3. 别忘记让用户为自己的"虚荣"买单

大量的非刚需营销都离不开人性的弱点——虚荣，但如何运用好虚荣却需要很深的功力。

叶茂中在他的书中举过一个例子：昆明的南亚风情·第壹城，是一个"城中村"改造项目。如果只考虑本市低收入、低消费的市民需求，只能低价买卖。

但叶茂中洞察到了昆明作为西南偏远城市，人们对一线城市生活充满向往这一心理特点，大胆地进行了尝试。广告文案以"商业比附曼哈顿，休闲比附巴黎"标榜，并大肆喊出"这里是昆明的巴黎！这里是昆明的曼哈顿！"，让"城中村"一跃成为精英聚集地，使其短时间内被抢购一空。

再举个反面例子："10 000 000 白领，用脉脉实现职场梦。"这则广告虽然定位准确但丝毫不能显示用户的优越感。如果改成"脉脉，只成就职场精英的梦想"，虽然不一定准确，却让使用者有了更多炫耀的资本。

总之，一切共鸣感文案必须挑起用户的隐秘需求，替用户说出心里想说的那句话，更高级的是，虽然知道用户想什么，却为了顾全用户的面子，与其达成"共谋"。如纸尿裤的文案，如果一味突出"省事、便捷"，就会让主妇有一种负罪感，或者让长辈觉得买纸尿裤的妈妈是在偷懒。而换一种说法"纸尿裤，解放妈妈的双手，陪宝宝做更多有趣的事情"，是不是感觉更好？

还有很多更高级的共鸣技巧，需要我们在实践中用眼睛去发现，用头脑去洞察。文案从来都不是码字的体力活，而是人性的较量。

3.4 看了你的文案，用户马上在别人家下单了

3.4.1 看了你的文案，用户很感动，然后在别人家下单了

"生活不只有眼前的苟且，还有诗和远方。"一个房地产公司的文案创作者给最新推出的海景房写下了这句话，把自己感动得热泪盈眶。

很多文案创作者的前身，都是文艺青年，很喜欢这种感性化的文字，也喜欢用这样的文字去感化用户。然而大量广告投放出去，过段时间老板就会把数据表往你桌上一摔："转化率呢？转化率呢？这么多天了为什么没人咨询？"

哈哈，其实，那些被你感动坏了的用户，不是没有行动，而是一感动，就跑去携程网上买机票"说走就走"，追求"诗和远方"去了。

只有你还久久沉浸在自己写下的文字中，意犹未尽。其实这种情况很常见，只是大多数时候，文案创作者都不会去反省，或者想不通这么动人的文字，为什么没人买单？

前面就说过，文案创作者不是作家，而是销售！作家只要用文字调动用户情绪就可以了，销售却是要让用户在感动之后，花钱买我们的产品或服务。

说回到开头那则小文案，文案创作者需要反省：用户看到我的文案后，第一反应是什么？显然，用户的直觉是不能再这么待在家里了，得去看看"诗和

远方"；而不会有用户看完这句话，第一时间就想到，买了海景房，就看到了"诗和远方"。

所以，这样的文案，出发点就错了，唤醒了错误的情绪，将用户引导到了一条相反的道上，跟你原本的目的背道而驰了。

对于文案来说，没有转化率的创意就毫无意义。在营销目的面前，任何创意都必须让行！如此，倒不如牺牲一点创意，改成：

> 生活不只有柴米油盐，还有唾手可得的诗意。站在家里，海是美景；站在海上，家是美景。

我们经常见到这样的情况：乙方文案抱怨"客户爸爸"太土，不懂创意；企划部抱怨领导，出了多个方案都被否决了，不是诚心刁难吗？我想对广大文案朋友们说，以后再遇到类似情况，不妨反思一下我们的作品，是否真的对用户起到了正确的引导作用？如果你写量身定制衬衫的广告，就千万别说"款式更新潮"，那样有可能会把用户引导到其他主打潮流服饰的服装店里。

你应该"找到自己的核心优势"，这个优势是其他可能有相同效果的产业做不到的，比如：

> 身材有千万种，衬衫的尺码却只有 5 种，只有量身制衣，才能成为绝配。

3.4.2 连竞争对手都没找对，写什么文案？

还是举上面那个海景房的例子，无形之中，你的文案将海景房的竞争对手变成了卖机票的网站！之前我们一提到竞争对手，马上就想到同行。似乎打倒了同行，我们就胜利了。其实仔细一想就会发现，所有掠夺走我们用户的，都是竞争对手，不仅限于同行。

举个例子，你是一家化妆品店的老板，你所在的这条街上有 3 家化妆品店。你一直以为，其他两家化妆品店是你的竞争对手，每次做活动，都死死盯着它们。然而，真正的威胁是它们吗？

因为好多用户根本没有在你们之中的任何一家化妆品店消费！她们有的去附近那家沃尔玛超市买化妆品了，还有的去网购了，后来又有一部分在微信朋友圈里找朋友代购了。这样分析后你会发现，你的对手其实有很多：

（1）同一条街上的另外两家化妆品店；

（2）附近的沃尔玛；

（3）天猫、京东等购物网站；

（4）卖化妆品的微商。

写文案或者做活动之前，我们务必搞清楚，谁才是你最主要的竞争对手。那么，上面4个哪个才是你最主要的竞争对手？这就需要你根据实际情况，研究你的目标用户往哪里流失得多了。

值得一提的是，不同时间、不同场景下，竞争对手也会发生改变。如果是10年前，同一条街的另外2家化妆品店应该是你的主要竞争对手；但网购盛行后，购物网站抢走了一大批用户，导致大量实体店关门，所以网站成了你主要的竞争对手；微商兴起后，又带走了很多用户，甚至连原本忠实的老用户也转身成了代理，成了你的主要竞争对手。

而我们的营销，每一次都要有的放矢。比如，近期你看到另一家化妆品店做促销，吸引了很多用户，为了夺回用户，你也可以做个"×周年店庆"，把附近的用户吸引过来。

又如，最近新闻爆出"某购物网站售卖假化妆品"，你就可以借势普及真假化妆品辨别常识，亮出你的厂家授权代理证书。

再如，假如你在商场里设了一个化妆品专柜，那么进入商场的人可能去看衣服，可能去屈臣氏买化妆品，也可能去吃饭、看电影，这个时候，针对这批用户来说，你的竞争对手就包含：

（1）屈臣氏；

（2）服装专柜；

（3）餐厅；

（4）电影院。

因为同一时间段内，他们"劫"走了你的用户。你就可以这样写文案：

只有皮肤白，才能穿什么衣服都好看！ ××珍珠霜，让你从此不再纠结衣服颜色。

但是，针对那些未进入你所在的商场，而是进入其他商场的用户，你与同商场内的屈臣氏、服装专柜、餐厅、电影院就不构成竞争对手关系，甚至可以搞异业联盟，吸引用户进门。你就可以写：

买 ×× 珍珠霜，送 20 元 ×× 商场服装购物券！

3.4.3　原来你一直在为同行做广告！

笔者做营销工作近 10 年，发现大多数行业都会陷入一个困局：同质化。几乎所有的行业都陷入了同质化严重的困局：产品同质化，服务同质化，营销渠道同质化，也没有价格优势。行业同质化已经是不可避免的事情了，偏偏在广告宣传上，很多企业还是跳不出同质化的坑。

健身房：让你更健康。

化妆品：水嫩亮泽。

婚纱摄影：定格幸福。

假如你是用户，看到这样的广告，你的反应是什么？哪家健身机构不是为了让人更健康？哪个化妆品没有水嫩亮泽的功效？这样的广告，说了等于没说。

我们知道，营销的目的就是要"选我排他"，要具有排他性。看到这个广告，就让用户认准是你，而不是同行业其他家。假设你是一家小型健身工作室，你打出广告：

每天运动一小时，自律给你自由。

用户看到广告，也许会心动，但是，全市的健身房这么多，他可能会选择百度上排名前几的健身房，而不是你，因为你没说出自己跟别的健身房有什么不一样。但是，假如你把文案改成：

健身工作室，×× 明星同款私人教练亲自指导，科学训练，比普通健身房效果高出 2 倍。

是不是瞬间就有了金字招牌？即使你没有特别出彩的硬件，你也可以从运营模式、会员福利等方面，将自己与其他同行区别开来，靠独特的优势吸引你的用户群体。事实上，为整个行业做广告还不算太糟，更可怕的是，为竞争对手做广告。假如小米手机的文案这样写：

每天陪伴 18 个小时，手机就要买高端的！

用户看到这句广告，直觉会想到什么？每天陪伴 18 小时呢，是该买个高端的，可是高端手机的代表是什么？苹果？三星？或者是华为。反正绝对不会是小米。

那么这个广告的效果就是：花自己的钱，让用户买其他品牌去了。明明是竞争对手的定位，非要写成自己的产品卖点，这显然是"搬起石头砸自己的脚"，硬生生把用户推到了竞争对手那边。

还有一种是，明明是竞争对手的优势，非要写成自己的产品卖点。拿自己的弱势去跟别人的优势抗衡，可谓是"鸡蛋碰石头"。

如果苹果的广告也去拿手机砸核桃，它还是苹果吗？如果诺基亚非要说自己的艺术设计，前卫潮流，用户会买账吗？好不好看一看便知。如果你是一家小型口腔诊所老板，假设你为了凸显实力，写出"200 多名口腔权威汇集"，然后配张合影，把诊所非医生工作人员都算进去了。用户看了会信吗？明明只有 300 多平方米的小诊所，为什么非要跟三甲医院拼医生数量？

那么，难道医生少就没救了吗？明明你的诊所特色是资深大夫亲自操作，不用排队、服务贴心周到。你大可以转变一下思路，改成：

要排一整天队去看牙，
给你操作的可能是实习医生？
来 ×× 诊所
无须预约，进店即诊。
原三甲医院口腔科主任 ××× 亲自诊疗，
一年内免费复诊。

好了，总结一下，怎样让用户看到文案后在你这里下单，而不是去其他企业、竞争对手那里？

(1)围绕目标找到正确的引导方向；

(2)根据场景找到正确的竞争对手；

(3)凸显只属于自己的独家优势。

3.5 卖点提炼：不要让同质化侵吞你的利润

前文已经提到过同质化是个大坑，我们不知不觉就入了坑。我在给客户企业做品牌营销顾问的过程中，都会问其有何核心竞争力是别人不太容易取代的。很多老板都答曰："这行都差不多，所以请你们出个大创意。"然后根据他们的表述，你会发现他们与竞争对手技术雷同，设计是模仿照搬，操作系统也相似。似乎所有的产品，都在一个固定的框框里打转转。

那么问题来了：既然都一样，用户为什么要选你？既然都一样，你凭什么卖高价？结果就是，刚进入市场就已经被市场淘汰；大投入推广却成单寥寥；用户觉得你的产品跟同行没什么区别；售卖很久却没有家喻户晓；竞争越来越大却无法摆脱竞争。

再加上买方市场、货比三家，一片红海的竞争环境，难道就这样，眼巴巴让同质化侵吞你的利润吗？不！没有无亮点的产品，只有缺少发现的文案。这就涉及"产品卖点"或者"项目竞争力"的问题。我们现在做品牌营销咨询服务，对企业的核心贡献就是在帮助企业做核心竞争力的梳理、提炼，并转化为销售语言以及对应的体验、演示。而产品优势的包装，就是让产品更有杀伤力，在竞品中脱颖而出。

靠创意告别同质化的方法不止一种。比如从名字、品类与别人区分开；产品性能、质量、颜值更胜一筹；品牌价值主张更贴合用户。我们只要用心提炼独特的卖点，还是可以拉开与竞争对手的距离的。下面就从几个方面具体讲解。

3.5.1 给产品起个好名字

不破不立。要想树立新的品牌，就必须打破原有的秩序和规则，起一个新奇的名字，从而在起跑线上领先竞争对手，营销费用可省一半。那么我们该怎样运用产品名胜出呢？

看过很多畅销产品的名字后，笔者总结：一个好的产品名字，应该自带卖点。如果你的产品相对于竞争对手来说具有很高的差异化特点，那这个特点就可以作为你产品的核心卖点，融入产品名字里。

最简单的方法就是直接加入，比如有一款饮料叫"果粒多"，顾名思义，饮料里有很多果粒，让人一听，瞬间就能与其他没有果粒的饮料作出区隔，同时暗示产品含有丰富营养和浓郁口感。

另外一种方法则是将用户真正的关注点融入产品名字。比如我们想买西红柿，每个卖家都描述自己的产品新鲜健康、爽口多汁，要么就是无农药、无催熟、人工种植、原产地生态菜园……用户无法区别谁家的好，对"人工种植""优质产地"之类也无从考证。

其实对于西红柿，很多年轻用户并没有耐心去听你讲解一大堆技术理论，只关心好不好吃。

既然这样，我们不妨在他们关注点的基础上做出创意。什么是创意？有个纪录片叫《创作的本源，一切都是混搭》，对于产品起名来讲，创意可以是把熟悉的两个或两个以上内容重新组合，或者略加改动。跨界组合就是一个简单又屡试不爽的技巧，做法如下。

1.确定产品名称

比如你卖的西红柿最大的亮点就是酸甜可口，比一般西红柿都甜，那么联想一下，什么东西酸甜可口？草莓！于是产品名字有了："草莓柿"！

2.确定产品优势

既然是为了体现甜，那可以描述成：口感堪比草莓的西红柿。一口咬下去，肉汁瞬间爆出，清香四溢。

类似的还有"砂糖桔""纽扣电池"，联想相似的外观、相似的功效，将新产品用大众熟知的事物描述出来，画面感立马提升，产品优势也随之凸显。光是看到名字，就心动了。

3.5.2　跟用户心中的 NO.1 做比较

如果你推出一款液态奶，想体现它纯正、新鲜、营养丰富，该怎么写？你跟其他竞争对手一样，描述"含蛋白质百分之多少，能补充什么营养"，分分钟就会被碾压。你敢写 98%，就有人敢写 99.9%，这样的竞争没有任何意义，用户也搞不清楚，谁家的是 98%，谁家的是 99.9%。那么此时比较好的答案是：

××奶，仅次于母乳。

这样的广告语一旦大量投放，进入用户的视野，抢占了用户的心智，竞争对手是很难模仿的，选择奶的时候，他第一时间就会想到你的产品。如果你想介绍一款果汁，怎么写更形象？某果汁的文案就非常传神：

要么喝××，要么喝鲜榨果汁。

这招的要领就是，与本领域用户固有认知中最好最天然的标杆性事物做类比，如母乳、鲜榨果汁就属于这种标杆性事物。

3.5.3　寻找竞争对手没有的优势，打开缺口

有一次，我着急出差，要把心爱的狗狗送去寄养几天。可是，选择什么样的宠物店呢？最终，有一个规模不是很大的宠物店的广告描述打动了我："我们店里给狗狗美容的时候，从来不用套绳。"

看评论，很多铲屎官（养宠人）都是被这句话打动了，即使这家店的寄养费是其他宠物店的 2 倍，我还是毫不犹豫地将狗狗送过去。

"美容的时候，从来不用套绳"，简单的一句话，准确地把自己跟竞争对手区别开了：

（1）养过狗的人都知道，不用套绳给狗狗美容，需要更强的专业度，更大的耐心和容忍度；

（2）不用套绳，这样人性化的服务，让很多将宠物当孩子养的家长心头一热：多么富有爱心的小店！

不管多么细微的优势，只要是竞争对手没有的，你都可以借此撕开缺口，将其放大呈现，让它延伸到产品 / 服务的专业性、权威性，并折射出独特的企业文化！

3.5.4 用极端具象化压倒你的竞争对手

有这样一个故事：美国有个品牌在啤酒界一直排行老二，与老大的市场份额相差甚远，于是就聘请一个营销顾问来厂参观。这个专家参观了这家啤酒厂的整个制作过程，感觉很震撼：你们生产啤酒用的水都采用深层地下水，用来发酵的麦芽也是千挑万选，啤酒制作出来之后还会有严格的检测，只要一瓶不合格一批都要销毁……这是多么大的优势！为什么不把这些告诉用户呢？

老板不好意思地说，所有的啤酒厂都是这么做的，这没什么特别的。但是这个营销专家回去就写了一篇文案，讲述这家啤酒厂生产啤酒的详细过程，用户看完后也觉得相当震撼，这个品牌很快就销售额飙升，跃居啤酒行业的老大。

这样的例子还有很多。同样是饺子，喜家德水饺每天在喇叭里宣传"水饺里有个大虾仁"；店内贴满了海报，宣传 16 道工序制作馅料，并一整天播放员工亲自下田挑选土豆的企业宣传片视频。凭借这些超乎用户预期的专业性，喜家德一跃成为"东北水饺的代表"，生意日日火爆。

同样是卖内衣，增加了量化体测，就显得极其专业，与其他品牌内衣盲目推荐相比，服务上也有了独特卖点。

这招要领是：用极端具象化压倒你的竞争对手，就是从视觉、嗅觉、听觉、味觉这些方面，极其细节地展示，用惊人的事实打动用户。即使竞争对手实际上也是如此操作，但你率先这样描述后，用户心中也会认为：只有你是这样操作的。

规模大不大不要紧，可以比专业、比讲究，牛肉说新绞的，水饺就说现包现煮的，鸡蛋就说只要"7 厘米，长宽比例 2∶1"的。

可以具象化描述的，包括产品专利、工艺、材质、设计、尺寸、重量、服务等；对用户的好处：环保健康、安全舒适、节能耐用、简易便捷等。如此，即使是一家宠物店，也要成为"小天地里的宠物大世界"。即使是一家饺子店，也要成为"饺子界的王中王"。即使是一家修鞋店，也要成为"方圆几百里最专业的修鞋专家"。

当然，所有的这些描述，可以适当夸大，却不可无中生有，否则就不是包装，而是欺骗。所以，企业在宣传的同时，也需要行动协同。

3.5.5　用故事植入一种价值观

妈妈，我能帮你干活了。

还记得雕牌洗衣粉这则广告吗？它曾经打动了广大家庭妇女们的心。广告中加入了中华孝道的元素，弘扬了品牌的正能量，雕牌洗衣粉也因此甩开竞争对手几条街，成为全国知名品牌。

如果你觉得行业同质化太严重，绝非前几个招数就能对抗，如果你擅长玩情怀，那么，使用这一招吧。

会讲故事的人更容易成功。好故事易传播，通过"故事"将广告加入了社交属性，用故事场景、用情感来打动用户，由此传播企业品牌。

也可以在文案中植入一种价值观，比如陌陌的广告：

别和陌生人说话，别做新鲜事，

继续过平常的生活，

胆小一点，别好奇，

就玩你会的，离冒险远远的，

有些事想想就好，没必要改变，

待在熟悉的地方，最好待在家里，

听一样的音乐，见一样的人，重复同样的话题，

心思别太活，梦想要实际，

不要什么都尝试，

就这样活着吧！

凭借这则广告，陌陌从"约会神器"变成了"不甘平庸，勇敢尝试"的正能量形象。

卓越品牌的魅力就在于它凝结了企业理念、情怀等文化内涵。文案需要传达出鲜明的品牌价值观，这也是产品的独特竞争力。其实大多数模仿，都是有其形，没有其精髓，但只要多花点心思，总能提炼出不一样的亮点。

3.5.6 一个核心亮点就够了

值得注意的是，罗列了这么多提炼卖点的方法，并不是说产品卖点越多越好。卖点多，就意味着有更多打动用户的理由吗？

恰恰相反，用户的记忆力不是你想象的那么好，他并不熟悉你的品牌和产品，也不愿意听你长篇大论地培训行业知识。

与其列出 10 多个无关痛痒的卖点，不如提炼一个最能打动用户的点，深深地在他们脑海里扎根。

确定文案目的后，别以为增加卖点更能体现品牌的专业性和产品价值，想要表达的要点就能列出来满满一页，这也是重点，那也是重点，什么都想表达，到头来又什么都不能给人留下深刻印象。

牢记你的写作目的，如果是要美誉度，那就必须将一个理念、一种独特诉求，或是一个独家竞争力，根植进目标用户脑中。一个主要的亮点，能够胜却无数。

有这么一个案例，讲一个别墅销售员带一对夫妻去看房，发现妻子的目光一直盯着楼前的独立温泉池移不开眼，销售员说"想象一下，每天下班后可以在这里舒服地泡温泉"，丈夫还在询问周围配套、学校、别墅价格等，销售员全程都不忘重复"这可是稀有的独立温泉池，其他地方都没有"。没有砍价，也没有太多纠结，妻子坚定地说"就这里了"。

《参与感》一书中就描述过一款小米移动电源的卖点提炼过程，非常值得我们学习。书中写道：

一开始，我们的策划团队想说明它小身材大容量，也试图强调 1 万毫安时能够让手机续航多久。

甚至，还有一些没节操的描述方案，比如"不但大，而且久"之类的，但都被我否定掉了。

第一版：小身材，大容量。

被否：太虚了，就是大家不可感知，到底多小多大还要去想，还要想多一层。

第二版：重新定义移动电源。

被否：太虚了，本质上来讲我们没有重新定义，容易盖上一个很大的帽子。

第三版：超乎想象的惊艳。

被否：太高大上，不抓人心。

第四版：最具性价比的手机伴侣。

被否：不够直接，不知道是干嘛用的，手机伴侣第一时间甚至会想到 Wi-Fi。

第五版：一掌之间，充足一天。

被否：充足一天，没讲出差异点。

第六版：小米最来电的配件。

被否：配件第一时间会想到手机壳。

第七版：69 元充电神器。

被否："神器"这个词曾在红米和活塞耳机上用过，如果再用就是一种很偷懒的做法，我从根本上就排斥它。

这样一路 PK 下来，后来我就说我们干脆就写它的大小、价格就完了，这是最直接的。

看完这个，小米的营销有多么谨慎入微，可见一斑。小米副总裁黎万强表示：当时的整个移动电源市场处于混乱的状态中，和我们一样 1 万毫安时的，市场里的品牌产品均价大多在 150 元左右，并且外壳是塑料的，电芯和保护电路等也都尽量从简，更谈不上什么设计。

正因为捕捉到了"容量大而价格低"的优势，又非常符合小米一贯"高性价比"的定位，所以我们最后看到的文案是：

小米移动电源，10 400 毫安时，69 元。

就这样，选取一个用户最在乎的点，是的，一个就足够了。再想想那些成功的品牌，哪个不是个性鲜明？

小米——为发烧而生。

韩束墨菊——巨补水。

难道它们没有别的亮点吗？非也！但要做成品牌，少即是多。什么都说了，就相当于什么都没说，想要大而全，反而会沦为平庸。怎么选取、提炼，这就是策划思维。学会断舍离，是文案的关键一步，也是文案迈向策划的一大步。

  那么，怎样验证你的文案是否帮助产品离开了同质化呢？方法很简单：尝试把文案里的产品名称换掉，看看还能符合吗？

  如果你提炼的卖点，可以套用在任何一个竞争对手品牌，那绝对不是一个准确的卖点。

  卖点的提炼不求一蹴而就，需要精雕细琢；卖点的提炼需要头脑风暴，也要与时俱进。珍爱品牌，远离同质化。

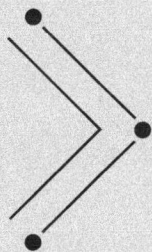

第 4 章

为什么卖那么贵？

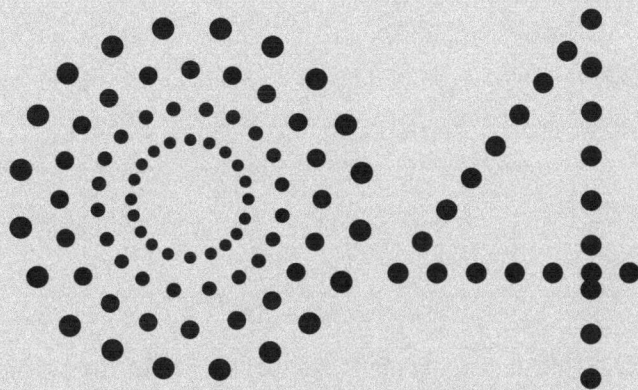

04

4.1　用文案告诉他，为什么卖那么贵？

用户在购买一件商品时，排在前三的考虑因素必有"价格"。而贵是相对的，不单单指奢侈品。普通牙膏不超过 5 块钱，为何云南白药就能卖到 20 多元？普通狗粮一斤不超过 10 元，为何冠能品牌 800 克的小袋装能卖到 50 多元？味味美的鸡翅 10 元 6 根，为何麦当劳的鸡翅能卖到 10 元一根？

也许你说这是品牌效应。可是这些品牌最初是怎样让大众接受高价的？而且现在很多网络品牌之前并没有听说过，可能仅仅是一个宝贝详情页，就可以让你兴冲冲买下一款不算名牌、价格还不低的产品。

这又是为什么？不得不承认，没人愿意通过你邋遢的外表，去挖掘你有趣的灵魂。同样，对于新品牌而言，没人愿意通过你蹩脚的广告，去挖掘你产品的内涵。

什么是品牌形象？大多数时候都是靠广告、公关等营销策略塑造出来的，只有这些做好了，用户有兴趣体验过了产品，才能谈得上口碑。否则，一切都无从谈起。

现在我们要探讨的是：如何通过文案，让用户愿意为你的"高档"买单？首先，我们必须思考一个问题，用户的意识里，便宜和贵到底是什么概念？什么样的产品容易被认为贵？什么样的被认为便宜？

（1）跟用户收入有关；

（2）跟用户心理承受能力有关；

（3）跟用户预期有关。

作为一个文案创作者，我们改变不了用户的收入，但是能够通过干预用户的意识，让他觉得这个东西貌似很"高级"，定价很合理。

4.1.1　重新下定义

你卖的产品是什么？用户认为你的产品是什么？王老吉进入市场的时候，雪碧、可乐已经把饮料市场占领得水泄不通，如果王老吉自我定位为饮料，强行进入，用户必然会拿它跟其他卖 2 块钱的听装饮料做比较，那么它 3 块多的高价丝毫不占优势，甚至还会有人挑剔它的中药味，也根本不会有后来的"王老吉神话"。但它很聪明地定位为"预防上火的凉茶"，就相当于另外开辟了一片蓝海，如同将一颗水果放入一篮子蔬菜中，有什么可比性？

正是这种重新划分的"新品类"，不但让王老吉中药味的劣势转化为优势，也让用户在选择的时候，不会用同一标准衡量它，甚至会重新制定规则，因此使其拥有了更自主的定价权。如今，凉茶已经成为了饮品中一个重要的品类，销量可观。

那么，用在营销上，怎样让你的产品不必跟其他参选产品用同一标准衡量，脱颖而出呢？

答案就是：重新下定义！比如你卖西红柿，新鲜点、卖相好点也就能比市面上其他家的西红柿价格稍微高几毛钱，而如果，你卖的不是普通西红柿呢？比如它叫"水果西红柿"，叫"圣女果"，主打"像水果一样甘甜的西红柿，生吃专用"。瞬间就将它从西红柿中单列了出来，与其他的西红柿不再属于同一品类。用户还会再纠结它比炒菜用的西红柿每斤贵 2 块钱吗？

这种做法的高明之处就在于开辟了一个新的领域，在这个领域里，无人与你竞争，或者竞争对手不多，巧妙避开了红海厮杀，进入一片相对轻松的蓝海。

4.1.2　与艺术挂钩

"一面科技，一面艺术"，这是小米一款高端商务机的广告语，让人印象深刻，其主打的"艺术品般的双曲面"设计理念也让这款手机档次提升，卖出了较高的价格。

再举个例子——无印良品，乍看上去跟路边小店里卖的东西也没什么区别，无印良品的产品还说不上便宜，但是，为什么有的用户对它如此痴迷？好的原材料和工序保证了商品的质量，使用舒适，这是无印良品能卖出较高价格的一个基础，但仅仅如此，还不足够。因为它的追捧者是一群有情怀、有品位的人。

作为一代设计楷模，无印良品产品表达出来的风格被全世界设计界认为是当代极具代表性的极简艺术体现，正如无印良品设计顾问佐藤可士和所说："不是非此不可，而是这样就好。"这种追求日常化、虚空、白，崇尚万物有灵的设计理念，蕴含着艺术审美、生活美学、匠人情怀，简单中彰显着质感。

我们做文案的时候，将产品设计上升到艺术层面，就会无形中给人以高大上的感觉，将其与普通产品区分开来。无论你的公司是卖首饰、卖汽车、卖手机，甚至是卖食品，我们都可以去这么描述我们的产品：做这种造型是缘于何种艺术，或者为什么这样设计，出于什么样的思考，有什么寓意？每个细节是运用了什么艺术原理？从色调、线条、层次角度，从一个艺术品的角度去分析，这是让产品价值感快速提升的有效方法。

4.1.3　黑科技彰显高级感

什么样的描述能够有科技感呢？其实"数字化""纳米"之类的字眼，我们经常在文案中看到，还有航空材料、生物学、人体工程学等，是不是很有尖端科技的感觉？

福特汽车

硼钢既有刚性质量又轻，为什么运用得比较少呢？这是由于硼钢的加工工艺十分复杂，而且制造成本高昂，所以硼钢最早运用于军事、航空、核能等领域。福特汽车全系车型广泛采用了硼钢材质，没错，你没有看错，全系车型都有，好车用硼钢，安全有保障。这就是安全，这就是保证。

OPPO 手机

锂是世界上最轻的金属元素。把锂作为合金元素加到金属铝中，就形成了铝锂合金……这种新型合金受到了航空、航天以及航海业的广泛关注。而这种轻便、坚固、韧性十足的航天级金属被我们率先采用于手机中框之中，以此来更好地保障机身的坚固与韧性。

米家有品 90 分旅行箱

为了给你的行李提供坚不可摧的保护,90 分旅行箱箱体采用了与高端汽车车灯一致的材料——德国拜耳 Mak-rolon PC 材质。

90 分旅行箱设计了四挡高度可调节人体工程学拉杆,让不同身高的人也能根据喜好调整推拉距离。

看到了吧? 汽车、手机使用航空材料,旅行箱采用高端汽车材料,一个普通雨伞都能实现的伸缩杆,也被描述成"可调节人体工程学拉杆",瞬间高大上了有没有?

4.1.4 名人同款价值高

淘宝上的"明星同款"多吧? 任何东西,一旦跟明星名人扯上关系,身价立马大涨。

营销界很早以前就有这么一个故事:一个出版商出了一本书后托人送给某大作家,并三番五次追问,看得怎么样? 实在被他问烦了,大作家对那本瞄都没瞄上一眼的书随口说了句:"此书不错!"出版商大喜,立马登出广告:"大作家非常喜欢的书热卖! 快来看看!"书很快被抢购一空。

过段时间,出版商又把一本新出的书送给大作家,这次大作家怒了:"这本书糟透了!"出版商大喜,立马登出广告:"大作家非常讨厌的书热卖! 快来看看!"书很快又被抢购一空。

第三次送书,大作家吸取了教训,一言不发,不置可否。出版商又登出广告:"大作家都难以下结论的书热卖! 快来看看!"书很快又被抢购一空。

可见,会借势的人,总能变着法子做营销。靠第三方证明,调动用户好奇心,激发用户的模仿本能,这点千百年来屡试不爽。它比直接去介绍产品或服务优势更能打动用户。

如果没有资金找明星代言怎么办? 作为高端白酒品牌"茅五剑"三大佬之一的剑南春,为我们树立了很好的榜样。它运用了堪称教科书级别的借势——让李白为自己的品牌代言!

剑南春先是讲了一个故事:李白老家四川江油附近,有个地方叫绵竹,出产一种叫"剑南烧春"的美酒。然后围绕这个故事出品了一系列组图漫画:李白醉酒捞月、李白解貂赎酒、李白穿越古今只为寻找剑南春等,就这样幽默又巧妙地把李白与剑南春建立起了联系，呼应了"唐时宫廷酒，盛世剑南春"的口号，不着痕迹为用户讲述剑南春的悠久历史，更加坐实了其高端酒的地位。

4.1.5 打出限量牌

高价往往意味着用户购买的不再是单纯的产品，还包括了产品之外的东西——也就是品牌的"无形价值"。限量版在某种程度上就意味着高级、独特。人们潜意识里认为，做小批量产品时势必会在材料的每个工艺、每个细节都精细处理。而如果批量生产，就很可能"萝卜多了不洗泥"了。

今天，越来越多的用户都追求个性。限量版的产品除了设计优秀、功能突出之外，其核心价值不只在于产品本身，还在于它所能提供的梦想和愉悦感。就像那些购买爱马仕限量包包的人，真的只是因为需要一个装杂物的"容器"吗？每个人都有追求更好生活的权利，像爱马仕包包大多数产品都是手工精心制作的，被很多人认为是思想深邃、品位高尚、内涵丰富、工艺精湛的艺术品，这样的产品更能凸显使用者的品位。

而"限量"的故事往往非常动人，具备话题性，绝对是很好的谈资。比如小米 MIX2 斯塔克限量版，荣获某设计金奖，被全球某知名博物馆收藏，全球限量 3 000 套，机身铭刻设计大师签名，附赠限量版收藏证书。就这样，原本以性价比著称的小米摆脱了"千元机"的束缚，将 MIX2 卖出了 4 999 元的高价，还有很多米粉以拥有此机为荣。由此可见，无论任何时候，"限量"对某一部分人就是有强大的磁力，明知道是商家的营销手段，却依然乐此不疲。

（1）想要将限量牌打好，有必要找个限量的由头：纪念某一大事件，为某人特别定制，经典款的限量复刻……总之"欲加限量，何患无辞"？

（2）详尽地强调完工度、艺术性等，拉开你推荐的高端品牌与普通品牌的差距。

（3）服务也可以量身定制，将此理念深入人心。

作为一个文案创作者，我们左右不了产品的生产质量，但可以尽可能地去挖掘、提炼产品的可感知价值，帮企业将产品卖出较高的价格。

4.2　如何让普通人买点"更好的"？

这几年，我们频繁听到一个词：消费升级。即使一个月薪 2 000 元的人，也有可能买几件高档品。

首先需要思考下，用户为什么愿意为高档品买单？如果说经济宽裕的人一切追求高品质，那么普通大众在手头没那么宽裕的情况下，买高档品究竟是为了什么？如何通过文案，短暂性唤起用户消费高档品的欲望？

我们不难发现，用户购买商品，大体分为两种：为了满足基本需求和为了满足更多欲望。

基本的需求很容易满足，不需要买高档品；那么显而易见，凡高档品，满足的都是人的欲望。简单而言，就是人们对生活质量的要求提升了。如果推销的是高档品，我们需要问自己：你的文案，激起的是用户的需求还是欲望？我们将文案唤起分为 3 种：

（1）表层唤起，只需描述功能；

（2）情感唤起，表达内心诉求；

（3）深入洞察，唤起深层欲望。

第一种明显起不到短暂刺激高档品消费的作用，那就从情感和更深层欲望入手。

4.2.1　赋予特殊意义，打消他的顾虑

人们因为情感而购买商品，并用逻辑证明其正当性。故而要通过触及人基本的欲望和需求来激起其情感反应。

——阻滞力的七个原则

用户不是慈善家。掏钱的一瞬间，是人最脆弱的时刻，她有兴奋，也有恐惧——害怕损失的恐惧。我们有必要让用户感觉：钱花得值，买了其实是省钱了，收益大于付出。

动辄几百上千元的玫瑰、巧克力贵不？为什么在情人节，购买者依旧趋之

若鹜？可见贵与值，就在一念之间，对用户来说，有意义的东西，就值得买下来。有的是为了博红颜一笑，有的是为了自己开心或者安心。

此外，还有"买一杯水，就向红十字会捐款一毛钱"，类似这样的，都是赋予了消费一种特殊意义：我不是在消费，我是在做公益啊。

4.2.2　让用户觉得赚到了

大多数时候，人们更在乎的不是花了多少钱，而是省了多少钱。两个档次差不多的东西，一个是一直标价 199 元，一个是原价 299 元，限时特价 199 元。你会买哪个？

潜意识里，大家都会作出反应：哦，这个东西本来就值 199 元，而那个值 299 元，我现在花 199 元就能买到，太划算了。

划算，是驱动下单的一个重要动力。这就是商场为什么动不动就挂出三折起价的促销牌子，却偷偷抬高了原价。结果证明，即使用户花同样的钱，买到质量差不多的商品，她心里也会觉得打了三折的产品更有满足感，因为原价和折后的反差，让她感觉买到就是赚到了。

还有一种情况，就是你的产品比同行卖得贵。怎么办呢？如果你实在用不上进口原装、尖端科技，那就试试揭露内幕吧。

比如你是卖精酿啤酒的，其他酿酒厂家为了降低成本用玉米代替，为了赚快钱压缩发酵时间，那你就可以说：我们的产品用的是纯麦芽，充分发酵，口感好，营养超普通啤酒 5 倍以上。

其实，不管是卖什么产品，都可以包装一下工序。做食品的，挑选食材原料标准挑剔，如选鸡蛋只选 7~8cm 之间的，加工经过 ×× 等多少道工序。

卖化妆品的，可以说你的化妆品品牌比一般品牌多两道工序，将材料加工到纳米级别，这样的效果是，吸收效果提高了 3 倍。

4.2.3　减轻用户的负罪感

人在花钱的时候容易犹豫，尤其拿着的是家庭收入而不是个人收入，或此次支出在预算之外的时候，心里会有负罪感。我们要做的是，减轻用户的负罪感，让用户花钱花得心安理得！

有一次，我与母亲去超市，我看上了一把藤椅，比普通椅子的价格贵好几倍。

母亲说太贵了，因为我现在的房子是单位给临时住的，没必要买那么贵的东西。我就对母亲说："这把椅子坐着，背特别舒服。您知道我经常在家坐着工作，腰疼，如果200多元可以缓解腰疼，难道不划算吗？况且，房子是临时的，但生活每一天都要过好啊，不是吗？"母亲一听，二话不说马上买下来。

再如，一位女性用户看到一个净水器，想买，又觉得太贵，3 000多元呢，是一家人半个月的吃喝开销了。这时候如果有人跟你说：吃的东西再好，喝的水不好有什么用？自来水里的铁锈、重金属、细菌不是烧开就可以除掉的，这些有害物质时间长了会引发身体疾病，特别是对小孩子，有可能影响身体发育。

3 000多元，能让一家人喝上干干净净的放心水，多么划算！对，又不是为了自己，是为了家人，为了孩子，花多少钱都值，如图4-1所示。

< 3 000元 <

图4-1　减轻用户购买净水器的负罪感

4.2.4　以投资的方式卖产品

人都有一种焦虑感，也就是缺乏安全感。这些花销，如果你去问，大多数人会告诉你："为了将来啊。"

国人担心养老、担心失业，担心孩子输在起跑线，未来比别人差。所以，要提前投资。其实，除了房子、培训学习，很多行业都可以认为是提前投资。

保险行业——万一将来真遇到事了呢？健身、养生行业——为了将来健康长寿啊。化妆品行业——为了将来不会变老变丑啊。食品行业——就要吃健康的，为了将来不生病啊。哪怕是买身品牌衣服，也是投资自己啊，为了看起来像个人物，积累人际关系啊。

中国有句老话："生于忧患，死于安乐。"我们做文案的，可以充分利用国人的这种忧患意识，把"消费"包装成"投资"，用今天的消费减轻对未来的焦虑。我们做广告，卖的是产品，赚的是现金，用户花的是现金，买的是未来。

4.2.5 唤起社交优越感

"对大众品位严重过敏者，请到中兴百货挂号，三日不购物便觉灵魂可憎。"许舜英很早以前就意识到了优越感的重要性。没有谁喜欢被人认为是"大众品位"。没钱不意味着没个性，也不意味着甘于现状。

同样是咖啡，虽然雀巢咖啡的销量和使用频次都远高于星巴克，但星巴克的微博粉丝是雀巢的两倍，说明对星巴克这个品牌感兴趣的人明显更多。

如果你留意过，你会发现，那些汗流浃背挤地铁的，和背名牌包包、买苹果手机的，竟然是同一批人。

究其原因，中国用户的消费观在几十年间发生了巨大的变化，拿购买运动鞋来说，很多人可能经历了这样的轨迹：杂牌—安踏特步—阿迪耐克—某体育明星同款运动鞋。早几年中国用户在购买衣服时讲究物美价廉，而如今的新一代用户，更在意品牌和产品是否符合自己的身份和品位。

而品位的背后不是收入的高低，是在有限的收入条件下达到最优。所以，踮起脚尖就能够到的轻奢品特别受欢迎。苹果手机这样的产品，已经不单单是一款电子产品，更是代表了一种生活方式，寄托了普通人追求更高品质生活的欲望。

我们为这类高档品做文案时，只需把产品和这些与生俱来的欲望接通即可。让他们感觉自己的形象符合该产品，或者借由该产品能提升自己的形象。

菲利普·科特勒在《营销管理》中指出：人的消费行为容易受到参考群体的影响。每个人都有渴望加入的群体，也就是崇拜群体。因此商品除了满足使用需求，还具有人群标志属性，给用户一种感觉："买的人真的更会被大家赞赏羡慕。"比如苹果手机，其用户无疑是想告诉别人：看，我是精英！

同样的常见心理还有：

看我多专业！

看我多有品位！

看我多有个性！

理发店为了彰显专业，总是使用一些生僻品牌的产品，让大众感觉，专业的就是不一样。因此包装产品时，如果不是大品牌，但质量不差，就可以打专业牌。如 ×× 电吹风机的文案，就突出"发廊专用"：

蓝光离子水润护发，

造型师的实力担当，

六挡动态风，随意打理各种发型。

　　瞬间，一款不知名产品就变得格调满满。如此一来，专业的美发人员为了显示自己的专业性，可能就会锁定它；其他普通的家庭美发者，为了让自己显得专业，在家就可以享受发廊级别的护发体验，也可能会舍弃那些家庭用电吹风，而买这款发廊专用的。

　　其实无印良品也采用了同样的策略。它出售了一种极简的生活理念。在都市人生活和工作节奏越来越快的今天，很多人认为，无印良品的舒适，是一个简单而干净生活的开始，也是另一种独特个性和品位的体现。

　　专业、品位、个性，这些都属于人们渴望得到的"社交优越感"，文案要让用户觉得，买了你的产品，能够让他更自信。

4.2.6　唤起善待自己的情感

　　微信公众号曾经有一篇文章叫《去年的衣服再好也配不上今年的你》，说出了多少女性的心声！人，总是想为"买买买"找个理由，钱才能花得心安理得。

　　"忙碌了一整年，也该犒劳一下自己了，买个新手机吧！"

　　"这个月加班那么多次，该去吃顿大餐了！"

　　"这个月业绩不错哦，去买个包包奖励一下。"

　　很多朋友应该都有过这样的经历。这个时代，年轻人中推崇"及时行乐，享受人生"，各类"鸡汤"也鼓励女性"女人，就要对自己好一些"。利用这一点，试着写几个文案吧。

昂贵的晚霜，撑起工作时的不诉离殇。（×× 面霜）

只有看见精致的包包闪闪发亮，才能忍受干活时的满面沧桑。（×× 皮包）

4.3　如何让人安心购买低价品？

　　都说"便宜没好货"，人们虽然痛恨高价，同时又对高价有心理依赖——

不想买便宜的，免得被劣质产品给坑了；不想买便宜的，免得看起来廉价。

一款铂金项链卖给你 100 块钱，你敢要吗？不敢，因为我们质疑这个项链是有问题的。这就是用户通过价格来感知这款项链的价值。所以低价并不意味着好卖货。

事实上，由于品牌定位不同，一些新崛起的品牌和谋求转型的品牌，都尝试走"物美价廉"路线，以求用"性价比"打动用户。打"性价比"牌，并不意味着要舍弃消费水平较高的用户。如何让人安心购买低价品？我们来详细探讨。

4.3.1　人群划分

如果说用苹果手机是一种炫耀，那么用诺基亚也可看作另一种炫耀：看，我多低调！看，我就是这么与众不同！

不得不说，小米的广告语"为发烧而生"是何等高明！买小米不是因为买不起贵的手机，而是手机发烧友。与其他大众区别开来，瞬间显得高大上，不用担心被取笑"买不起"贵的手机。同样高明的还有甲壳虫：

你因为收入太丰而不便购买吗？

总结这类文案技巧，就是塑造一个目标用户的崇拜群体（如手机发烧友），再将你的产品与这个群体打通。

4.3.2　为低价找个恰当的理由

如果你是一位商场服装导购，进来一位穿着时髦、挎着名牌包包、妆容精致的女性，你一上来就对她说"这边商品打三折"，或者说"给你介绍几款经济实惠的"，你觉得她会感激你吗？

不得不说，通过自身努力好不容易显得光鲜亮丽的白领们，最怕的可能就是买便宜货，暴露生活品质不够高。

我们不难发现，商品在降价的时候总会找个理由，比如"厂家直销，没有中间商赚差价"，由此，让低价合理化。

网易严选的文案是"好的生活，没那么贵"，先肯定了用户的高品质生活，又打出低价牌，理由是：与工厂签约合作，原单销售。

唯品会也不错："都是傲娇的品牌，只卖呆萌的价格。"找的理由是"断码断号"，并不影响品质。穿名牌和少花钱都满足了，还有什么可顾虑的？

4.3.3　揭露内幕，你最精明

如果是同样的东西，谁愿意花比别人高的价格买下来？与被嘲笑买不起相比，智商侮辱更是不能忍。

"这个化妆品品牌没听说过呀！""亲爱的，那些您听说过的品牌，大多是广告产品。羊毛出在羊身上，那些请明星、巨额投放广告的费用，不都加在零售价上了吗？我们的产品把广告费用省下来，用在技术研发上，用的都是真材实料，价格也公道，直接让利给用户。"

小米最开始就是以"揭露手机行业暴利"而问世的，树立了一个正义的形象。创始人雷军说过，便不便宜，并不应该算一家企业在市场推广、广告渠道层层加价里面花多少钱，而应该算一家企业在原材料和制造成本中花多少钱，在研发上面花多少钱。

他还解释："我就是把几乎所有钱砸在一两个型号上，卖到一个天大的数量，这样分摊到每一个产品里面的研发成本就相对偏低。我举一个例子，有的同行花 1000 万元做一款手机，1 年投 10 亿元做 100 款。我直接砸 1 亿元只做 1 款。其实单款手机我的研发投入是他们的 10 倍，但是总研发成本我只有它的 1/10，当我的产品销量是它 10 倍的时候，我们分摊的研发成本非常低。这就是我们为什么能够卖得这么便宜。"

雷军说："消费升级不是东西卖得越来越贵，而是同样的价钱可以买到更好的产品，提升大家生活的幸福指数。"看看，这个目标够远大，也够正能量，格调满满，一点都不跌份儿。

所以，每一次促销，都有必要告诉用户：为什么这么便宜。让其在知晓内幕的情况下，感觉到自己的选择是明智的。

4.3.4　比我有钱有名的人都在用呢

百雀羚品牌拥有 80 年历史了，是成立最早的经典国货护肤品牌。但给大众的印象始终停留在香味扑鼻、奶奶辈护肤品，被欧美大牌和日韩潮牌击得溃不成军。直到 2013 年，百雀羚套盒被作为"国礼"赠予了坦桑尼亚妇女与发展基金会，一时间该品牌用户问询量突增数倍，销量大升，已然走红。从此，百雀羚摘去了"过时、奶奶辈"的帽子，借着这股东风，打了场漂亮的翻身仗。

比我有钱有名的人都在用，有了这把保护伞，低价品就不再是低端的代名词。还是再以甲壳虫文案为例："华盛顿的惊人内幕——华盛顿超过 1 200 名外交官都在驾驶这种小轿车。"

4.3.5 省钱做更有意义的事情

首先需要明白一点，消费水平再高的人也需要省钱。就算是收入颇高的白领、金领甚至企业家，也可能会有在菜市场跟小贩砍价的时候。事实上，很多靠自己辛苦打拼实现财富自由的人，花钱都不是肆无忌惮的。

买 ×× 车，省下的钱送孩子上更好的学校。

×× 婚纱套系，省下的钱去度个蜜月。

×× 现房虽然离市区远了点，省下的钱还可以添一部车。

别把钱全花在手机上，你还可以去旅行或买游戏装备。

厉害了，本来只打算买一套房，这一下就变成车、房都全了。再如，有了星巴克，为什么还是有人买雀巢？因为雀巢咖啡跟现磨味道一样，省出时间做更重要的事。

需要注意的是，如果你的用户是有钱人，在描述关于"省"的话题时，不能显示出浓浓的廉价感，要让他们感觉，省钱不会降低他们的生活品质，相反，会过得更加惬意。

4.3.6 重新定义产品价值

使用场景不同，选择标准不同。比如一次性产品，就不需要对品质有太高要求。我们做文案时，只要将产品的功效、使用场景重新定义，就可以重新打开局面，比如：

穿耐克出场，穿安踏训练。

——安踏

咖啡是用来觉醒，而不是拗造型。

——肯德基

4.3.7　低价≠不好，只是缩小了选择范围

为什么卖低价？给出确切的理由，比如想买特价鞋，只有选择限定款式、颜色才能享受。如果恰好是你看中的，或者没有太高要求的用户，就可以开心地把鞋子买回家了。

这种做法可以应用于很多行业。比如开发商推出特价房，只限于特定楼层或户型；比如有关部门卖车牌号，随机发的可享受特价，如果想选特定号码，不好意思，你得另外加一些钱。这样一来，无论是否享受特价的用户，都会达到各自的心理满足。

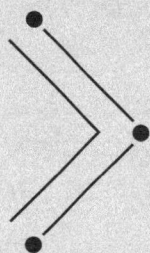

第 5 章

洞察：如何赢得人心巧卖货？

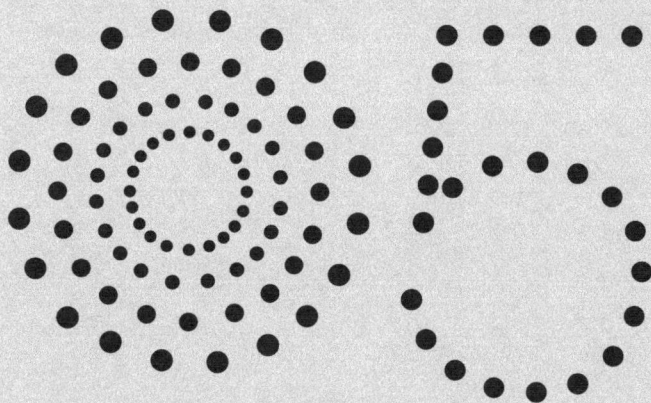

05

5.1 打动自己才能打动别人：如何制造情绪？

有道是，月有阴晴圆缺，人有七情六欲。生而为人，谁能保证不被情绪左右？所谓的冲动消费，不就是被情绪影响的消费吗？所以营销最准确的姿势应该是"点燃"情绪。

品牌可以高冷耍酷，可以幽默逗乐，就是不能无聊无趣让人无感。体现在文案中，就是要充分调动用户情绪，并引导用户的行为。下面列举几种亲测有效的方法。

5.1.1 与用户构建统一战线

你只闻到我的香水，却没看见我的汗水。

你有你的规则，我有我的选择。

你否定我的现在，我决定我的未来，

你嘲笑我一无所有，不配去爱。我可怜你总是等待。

你可以轻视，我们的年轻，

我们会证明，这是谁的年代。

梦想是注定孤独的旅行，路上少不了质疑和嘲笑。

但那又怎样，即便遍体鳞伤，也要活得漂亮。

聚美优品凭借这则"我为自己代言"的广告收获了众多粉丝，以至于被网友争相模仿，出来很多版本。回过头来看，这则广告的其中一个巧妙之处，就在于树立了一个敌人"你"，整篇像极了一个奋斗中的年轻人对抗世俗的宣言。那个世俗的"你"让年轻人愤恨，而"我们会证明，这是谁的年代"这样的表达又让人很解气。

在营销中，用群体划分，将自己和竞争对手区别开来，让用户与你站在同一条战线，共同抗敌。如果这样，你的事就成了他的事，这也是营销的最高境界。

这就需要我们找到与竞争对手的最大区别，划分出一个能让用户愿意为之捍卫利益的群体。如草根出身、中国人、善良的人、服务业工作者……

格力，让世界爱上中国造。

这句熟悉的广告词，满满的民族自豪感。

再如，你想招微商的代理，文案写成"我们都是微商人"：

熬过了被人屏蔽的时期，承受过被人埋怨刷屏，
曾经被最亲近的人直接删除，
也曾面对别人问"你卖东西啊？"时的尴尬。
微商绝对是一份需要梦想和头脑支撑的工作。
我们努力，
只为看到自己喜欢的衣服和化妆品的时候不再犹豫，
只为说走就走的旅行是自己能给自己更好的生活。
加油，我们都是微商人！

同样做微商的小伙伴们看到你的文案，是不是很容易产生共鸣？感觉到你和她同是"自立自强，追求梦想"的"一路人"，你们共同的敌人就是"外界的质疑、嘲笑甚至排挤"。你获得信任的概率就比直接劝说她拿货要高很多。

再举个例子：

又到这差不多的时间，差不多要抢票回家。

又到了差不多的新年，总要感叹着哎呦喂呀。

黄牛差不多的猖狂，掏钱差不多的窝囊。

坐在差不多的车厢，吃着差不多的便当。

这路程差不多的长，我状态差不多的彷徨。

脉动的这首"差不多"新年歌，一上线就引起了大量热评，很多人看后恨不得挥舞拳头把"差不多"这个劲敌打倒。每一个热爱生活的人，都是那么讨厌"差不多"："找个差不多的赶紧嫁了吧""工作差不多就行了，稳定最好"。"差不多"就给人一种很疲软、很无奈的感觉。

而脉动与年轻人站在了统一战线上，拉开了一场"拒绝差不多的新年"的战斗，俘虏了一批"不将就"的年轻人的心。

总结一下，与用户构建统一战线这招其实很简单，具体做法就是：给自己定位一个身份，设置一个容易引起积极正面感情的人设，树立一个共同的敌人，这个敌人可以是观念对立的人群，也可以是赘肉、懒惰等，以成功引起目标群体的好感。

5.1.2　制造不公平冲突

人民币一块钱在今天还能买点什么？

或者，也可以到老罗英语培训听八次课。

这样的广告语，成功引起了公众对物价膨胀的愤怒情绪。

其实制造不公平冲突也是很多情感类自媒体常用的圈粉手段。比如，"作为领导的我天天加班，下属却没事干""比你晚进公司两年的'90后'竟成了你的上司？""你奋斗了整整十年，才做到和他一起喝咖啡"，再如，"你这么漂亮却没有男朋友，天理不容"。瞧瞧，你现在的遭遇或困境，多么不公平，多么不合理！这样的广告语给人感觉，不是自己不行，而是外界不公。

你为用户打抱不平，用户的情绪就被激发了，忍不住点开看，如果你能够安抚他们的愤怒，他们会感动万分。所以我们可以利用这种心理写文案。比如，你是卖纸尿裤的，文案就可以是：

当了妈妈，凭什么就要天天把自己绑死在洗尿布这样的琐事上？

××纸尿裤，

解放你的双手，

让你有更多时间，做自己。

比如护肤品广告：

辛辛苦苦大半年，一晒回到解放前。

——××防晒霜

我为工作彻夜不闭眼，换来的奖励却是熊猫眼。

——××眼霜

比如房地产广告：

故乡眼中的骄子，不该是城市的游子。

比如交友：

世界上所有的内向，都是聊错了对象。

运用制造不公平冲突写文案的前提是：你的产品刚好可以解决你提出的冲突。给用户指出一条明路，只要选择了你的产品，就可以与这些不公平说再见。

5.1.3 唱反调，让你激动

出人头地你怕了吗？出人头地是要付出代价的，必遭诽谤和嫉妒，甚至有人贬低和损害你。但是每个人都会遭到攻击，但每个人最终也会拥有荣誉。不论反对的叫喊声多响，美好的或伟大的，总会流传于世，该存在的总是存在的。

——凯迪拉克《出人头地的代价》

别和陌生人说话，别做新鲜事，继续过平常的生活，胆小一点，别好奇，就玩你会的，离冒险远远的，有些事想想就好，没必要改变，待在熟悉的地方，最好待在家里，听一样的音乐，见一样的人，重复同样的话题，心思别太活，梦想要实际，不要什么都尝试，就这样活着吧。

——陌陌《就这样活着吧》

跟"构建统一战线"刚好相反，上面两则广告正话反说，充满了辛辣讽刺，但又饱含趣味，使文章具有强烈的感染力，让人看了心生激动。

需要注意的是，写这类文案一定要注意把握好度，否则容易引起用户的反感。巧妙的做法是，表面看上去是对立，实则鼓励用户突破某种束缚，去追求更好的生活。

5.1.4　懂你，让你感动

看够了生活的脸色，
用口红回敬一点颜色。
哪有念念不忘的爱情，
只有兜兜转转的黑头。
职场里有再多的辛苦，
敷上面膜，
就不舍得哭，
成长是学会把岁月的风霜，
变成梳妆台上的眼霜。

这是美图美妆的一则海报文案，没有说软件本身如何好，只传达出一个意思：女孩们，我懂你。

同样的还有红星二锅头："待在北京的不开心，也许只是一阵子；离开北京的不甘心，却是一辈子。"

人的情感都需要一个宣泄口，这样一段文字，刚好击中了用户的心理诉求，很容易就能走入他的心里。

以上就是通过制造情绪，打动用户的几种做法。无论激起的是热情、积极、快乐、信心满满的正能量，还是让人绝望、失落、认清现实的坏情绪宣泄，都可能带来惊喜的营销效果。

麦当劳曾与新浪微博合作，开展了一场"舔着圆筒看世界"的活动，推出全新童心主张——做回孩子，多快乐！呼吁大家放下巨大的生活压力，以久违的孩童视角看世界。这场活动进行得风风火火，超过百万的网友在新浪微博上发表他们的童心宣言，而麦当劳实体店的销售量也大大增加。

麦当劳无疑是读懂了用户，给了成年人一个回到童年的机会，找回久违的儿时欢乐。让人感动之余自然也对麦当劳心生好感，积极购买。

互联网时代，类似这样的玩法为我们的广告和产品找到了一根杠杆，如果巧妙地用在微信、微博，还有可能利用大众一触即发的情绪，对产品的传播起到加倍的推动作用。

5.2 洞察：如何抓住用户心理卖货？

都说销售要"察言观色"，文案作为幕后的销售，虽然不能面对面察言观色，但透过现象洞察用户，无疑是一门必修课。一切营销，都与洞察有关。

世界变化太快，很多营销人都在焦虑——焦虑这一代的用户跟以前太不一样了，一些上了年纪的老板也说，真是越来越不懂年轻人了，这样会不会就要被时代淘汰了？

这个问题我也琢磨了很久，终于意识到，虽然市场千变万化，每一代用户都有特定的时代标签，但人性是不会变的，千百年来都未曾变过。无论他是"50后""60后"，还是"90后""00后"，人性中固有的一些特点，或者直接说是弱点，本质上都是一样的。营销人只要抓住了几个最普遍的用户心理弱点，将其巧妙利用，就不必担心在时代的浪潮中被淘汰。

5.2.1 用户只关心自己

俗话说，"事不关己，高高挂起"。人们潜意识里，对自己的关心会比别人多。《如何把人变成黄金》中写道："停下一分钟，把你对自己之事的感兴趣程度和对他人之事的冷漠做一个对比，你就会知道，其实世界上的其他人也都是如此。"如果你的营销广告不在用户的关心范围之内，使其感觉与"我"无关，便不具备吸引其注意的功能，更别谈说服和促使消费了。

比如一个家庭主妇看新闻的时候，她可能不会关心某个著名篮球运动员退役，也不会关心某科学家又获得了诺贝尔奖，但当出现"毒奶粉已导致多名儿童出现中毒症状"这样的新闻时，如果她有正在喝奶粉的孩子，她一定会瞪大眼睛仔细看的。

所以说，"与我相关"是广告进入用户法眼的必要条件。人们对你的新技术黑科技不感兴趣，除非你的产品能让他们的生活更便捷，或者显得他们自己更有学问；用户不会关心你搞什么 10 周年庆典，除非你能在活动期间提供物美价廉的商品或服务。用户不关心你如何妙语连珠，他只会想：别啰唆，快告诉我，你的产品对我有什么好处！

所以，文案创造者的对策是：让一切广告都与"我"相关。

1. 将你的产品优势转化为用户的切身利益

这两年有个词在文案圈里流行甚广，叫"自嗨型文案"。什么叫"自嗨型文案"呢？举个简单例子：

全面屏 2.0（5.99 大屏）

4 轴光学防抖相机，

全新导管式微型听筒。

听着挺高大上的，然而，关用户什么事？说白了，这些只是你的产品特点而已，而用户需要的，是与他相关的利益。

全面屏 2.0？ 5.99 大屏？然后呢？

4 轴光学防抖相机？然后呢？

全新导管式微型听筒？然后呢？

把产品可以给用户带来的利益，尤其是和他们生活密切相关的利益，明确地说出来，这样才算真正跟用户产生了关系。

全面屏 2.0，5.99 大屏——更大屏幕，带来更纯粹的观看体验。

4 轴光学防抖相机——阳光、暗光、单手，都可以稳定清晰地成像。

全新导管式微型听筒——即使在嘈杂的环境中，仍可保持清晰的听音效果。

这样，把优势转化为对用户而言实实在在的利益后，是不是耐看多了？

2. 将你的产品与用户关心的事物关联

一个女人，可能不是很在意鞋子本身，但在意被人评价"活得不精致"，在意鞋子给她带来的身材、仪态改善。于是文案就可以写成：

女人穿上高跟鞋后，说话的声音变了，走路的姿态也变了。

尖头无限拉长腿部线条，浅口设计露出脚背和脚踝。

优雅细跟让每一步都摇曳生姿，时而如猫咪般轻盈，时而又风风火火走出气场。

砧板，本身是个不太容易被人注意到的小物件，很多厂家的文案都在强调砧板的"坚固，一年内不开裂"，可是，这么一个花不了几块钱的小东西，一年内开不开裂重要吗？大不了再买一个。而有个厂家就另辟蹊径："别小瞧了砧板！关系到你全家人的健康！"

美国哈佛大学的一组研究数据显示，日常家用木质或者塑料砧板，细菌含量高达 2.6 万个/cm^2，比家用的马桶盖还脏！

而拼接砧板中用于黏合的胶水，不可避免地含有甲醛，这些有害物质随着食物进入人体，可能出现食欲不振、腹胀、腹痛等症状，摄入得多还可能引起胃黏膜的糜烂、溃疡，甚至胃穿孔。

××稻壳砧板，真正的无甲醛健康砧板！稻壳由于本身具有较强的杀菌功能，加上该款砧板在生产的过程中加入了高科技纳米银，可以在数分钟内有效杀死 650 多种细菌！

小小的砧板经过这么一包装，马上变身成了关系到全家健康的重要物件。如果你看到这样的描述，是不是也会下意识地看看自己家的旧砧板，然后萌生出换砧板的念头呢？

3. 多用"你"

You don't stand in front of a mirror before a run,and wonder what the road will think of your outfit.

You don't have to listen to its jokes and pretend they are funny.

The road doesn't notice if you are not wearing lipstick.

It doesn't care how old you are.

You don't feel uncomfortable because you make more money than the road.

And you can call on the road whenerer you feel like it,whether it's been a day or even a couple of hours since your last date.

The only thing the road cares about is that you pay it a visit once in a while.

Nike,no game,just sports.

跑步前不要站在镜子前去想路会觉得你的装备怎么样。

你没必要听那些笑话还假装很好笑。

路不会在乎你涂唇彩了没。

多大年纪都不要紧。

你不会觉得不爽，因为你比路赚的钱多。

不管离你上一次约会过了几个小时还是一天，你都可以在路上打电话，只要你想，随时。

路所关心的只是你间或地来看它一次。

耐克，无游戏，唯运动。

这则经典的 Nike 广告，通篇都以"You don't……"的形式出现，且不说它的内容扎心，单单是这个句式，已经小胜一筹了。

健身，是为了让他人心平气和地跟你说话（健身房）。

广告中使用"你"，能够使目标人群迅速进入角色，产生情感；而且第二人称式文案，读起来就像两个人面对面或者一对一交流，感觉更加亲切、随和。

4.直接把目标用户喊过来

月薪 5 000 元以下的文案人员都进来！

家里有小孩的都该看看！

类似这样的文案，在微信公众号中不少见吧？如果你正好是符合条件的人，是不是会被它吸引呢？无论是公众号等新媒体，还是传统的户外广告，这招都屡试不爽，因为这让人感觉叫的就是他自己。

曾经有一段时间麦当劳的喇叭一直在喊"叫你呢，叫你呢"，我留意过，很多人都会像我一样回头去看。哈哈，真是个有趣的恶作剧。我们做文案的，如果你的用户涉及面特别广，你找不出一个合适的人群概括，不妨试试，就将其统称"那个谁"吧，一样有奇效哦。

那个谁，

你的中秋节礼物到啦！

5.2.2　用户不接受批评

"丑是一种病，得治！"看到这样的一则文案，你会为它买单吗？普通人当段子看，也许还觉得犀利有趣，但那些经常被人嘲笑"丑"的人呢？这样的文案，只会瞬间激怒他！

你是谁？你凭什么批评我？《人性的弱点》中有这样一个故事：有位 40 多岁的男人想学跳舞，第一个舞蹈老师直接告诉他："你的舞步完全不对，必须再从头开始学。"他听了之后心灰意冷，把舞蹈老师辞退了。第二个舞蹈老师却对他说："你的舞步的确有些过时了，不过基本步子还是正确的，有这样的基础，想学好不是什么难事。"并且赞美他"你的舞步有一种自然流露的韵律感，你真是个天生的舞蹈天才"。虽然明知自己充其量只是个四流的舞者，但这样的赞美之词却赐予了他一种神奇的力量，让他瞬间感觉自己的舞步优美起来了。

事实证明，就算在生活工作中，批评指责除了让人产生不快，很少能有真正的效果。妻子抱怨丈夫不求上进，丈夫并不会因此就积极上进了；上司指责下属工作不认真，大多数下属只会心生愤恨，也许就开始谋划跳槽了。因此，我们作为文案创作者，卖增高药时，不要说"矮个子没有前途"。你可以售卖恐惧，却不可以批评指责。

《人性的弱点》中也指出：当人们被对方说服，不得不违背自己的真心来"接受"某种观点时，他在心中依然会执拗地坚信自己是正确的。是的，人性如此。能在别人的批评指责中反思的人，都不是一般人。而我们做营销，是要把货卖给普罗大众，我们不是老师，不是家长，何必做这种惹人厌的事呢？

很多人讨厌微商，也许并不是讨厌微商本人，而是讨厌大多数微商那些肆无忌惮的言论，比如"不要问我能赚多少钱，当你问这个问题的时候你的思想还停留在帮人打工的阶段，能赚多少你得问你自己"，还有"当你把自己想得很不值钱时，你会发现所有的东西都很贵！当你开始看重自己的时候，你就会觉得再贵都没有我贵"，诸如此类，看似说得很有道理，实则在践踏别人的颜面。

很多时候，你以为别人听进去了就会买你的东西，但事实上，人们一看到批评，第一反应是逃避，而不是反思。他们只会关闭你，拉黑你。

对策：鼓励用户，让他对自己有信心。

同样是化妆品广告，比起那些动辄就说"再不保养就是黄脸婆了，老公以工作为借口，不爱回家"这样的说辞，有一个新生代美白品牌就做得相当好。

东西要找好吃的，恋爱得找喜欢的，气色每天都要好好的。

看别人的脸色，不如看自己的好气色。

鼓励用户，你才能跟用户更近，用户才会把你当作"自己人"。

5.2.3 用户不喜欢改变

京东金融有支广告"你不必成功"："你不必把这杯白酒干了，你不必放弃玩音乐，不必出专辑，也不必……"不得不说，京东是洞察人性的高手。无论是大人物还是小人物，都会有不想改变的特性。有的人固执，认为自己现在就挺好，不想改变；有的人缺乏安全感，规避风险，安于现状，这是骨子里就有的基因。如果你不顾一切地试图去说服他人，只会招来他人的反感。与其说教，不如迎合他们本来的认知。

对策：不与用户的执念作对。那么，哪些属于执念呢？

1.道德观、人生观

比如有的人认为，人生就是要努力奋斗，不然就是虚度光阴；而有人却认为，追求功名利禄没有什么意义，享受生命平凡的风景才是真。

这样的观念冲突，很难说清楚谁对谁错。假如持有完全相反观念的两个人，一方执意去说服另一方转变得跟自己观念一致，最可能的结果就是争吵，不欢而散。

道德观、人生观都绝非一朝一夕形成的，跟家庭出身、生活环境、教育背景都有关系。我们做营销时，高明的做法是改变行为，而不是观念！确切地说，是改变用户特定场景下的行为，不要试图去用一篇文案就能扭转用户的观念。怎样叫"改变用户特定场景下的行为"呢？举个例子，一个把"勤俭节约"当作传统美德的老人家，怎样让他买一个高档电动车？

有了××电动车，接孩子上学，不再怕迟到了！

老人家是节俭，可是不会在孙子的问题上节俭，为了送孙子上学，花千把块买个电动车，值！

那么面对一个潜意识里认为"贵就是好"的人，怎样让他买一个相对低价的东西？"穿耐克上场，穿安踏训练"这句文案就轻松解决了问题。不否定他原有的观念，但告诉他，不同场合需要不同的鞋子，没必要一味追求贵的。

2.用户考虑很久后做的决定

作为成年人，最让人无法忍受的就是智商侮辱！一个你考虑了好久才做出的决定，被人一句话否决了，你是什么感受？

做乙方的营销人员应该特别清楚这种感受，你熬了好几个通宵做出来的方案，被客户说了句"还是差那么点意思"就否决了，你是什么心情？

我们的用户也是如此。假设你去买沙发，预算只有4 000元，而你到现场看上的一套沙发却标价5 000多元，你的执念告诉你，不能超出预算，但这时候导购走过来跟你说："考虑性价比当然很重要啊，不过，这种材料，完全无味，不含任何有害物质，有什么比您的健康更重要呢？您说呢？"

这就运用了一招——不改变用户的观念本身（性价比），只改变其观念的重要性（健康＞性价比）。由于其融入的附加的信念（健康第一），与用户的现有观念并不矛盾，因此不会受到用户抵制。

这种情况下，只要用自己的观点潜移默化地影响用户就可以了，最终还是把主动权交给用户，让用户自己做决定，行使用户的权利，获得其作为成年人的智商尊重。

5.2.4 用户喜欢被赞美

你有没有过这样的经历：穿着新买的裙子走进办公室，被同事夸一句"你今天真漂亮"，心情顿时明媚起来。熬夜做出来的方案，获得了领导和同事的夸奖"很棒"，是不是感觉几天来的辛苦都值了，工作更有干劲了？

根据马斯洛需求，尊重的需要是第四层次的需求，男女都有，而赞美在一定程度上即代表尊重。人们有一种普遍的意识：你赞美我，说明你打心底里是认同我的。

我们就要对用户的这种心理予以尊重，对用户献出真实的赞美、欣赏，让用户感觉到我们对他的认同。法国作家安东尼就说过："我没有任何权利去对别人眼中的世界加以评论或干预。在我眼中他是怎样一个人根本不重要，重要的是他会怎样看待自己。伤害他人的尊严是一种犯罪。"

比如一件颜色很跳跃的亮橙色风衣，不是很容易售出，刚好有一位女士试穿，这时候，我们要做的是对她说："哇，这种橙色很少有人能带起来，但是像您这样肤色白、气质好的人穿上，瞬间就显出品位了，走在街上回头率一定很高。"

同理，写文案的时候，我们这样写，会让用户更愉悦：

妈妈是美人，不该被岁月侵袭。

爱敷面膜的女孩，过得都不会太差。

5.2.5 用户渴望被重视

卡耐基说过："人人都希望是世界的中心，人人都希望获得别人的重视。"我们每个人都喜欢成为众人的焦点，获得别人关注的目光，让自己成为这个世界的中心。

事实表明，一个用户在面对商品，觉得价格稍贵而犹豫不决的时候，如果导购悄悄地对她说"现在买的话，我可以另外送你一个小赠品，数量很少，一般人可没这个待遇哦"，尽管赠品可能并不值钱，但这位用户很有可能因为被重视、被优待而下决心购买。

同时，人们也更喜欢关注自己的人。两个陌生人见面时，如果其中一个说"你看起来很不一样，那么多人，我第一眼就注意到你了"，那么，他们很有可能成为好朋友。

"特别"是一个在任何时候赞美别人都不会被认为是敷衍的词，每个人都觉得自己与众不同。因此我们做文案的时候，也要向用户传达一种信息：你是个特别的人，我们很关注你。

万通筋骨片的广告语"一般人我不告诉他"，让用户感觉自己不是一般人。

有的女性喜欢打扮得漂亮，也是渴望得到别人的重视。所以在卖口红时，别忘了告诉她："这个颜色配上您的肤色，真是吸睛，保证回头率百分之百。"

5.2.6 他们怕得不到，更怕失去

"最怕的其实不是付出了得不到回报，而是用心付出了反而还招人嫌弃。"这句话流传很广，击中了很多人的心理：很少有人是付出不求回报的。举个健身房的例子：

（1）正面诱惑：来健身房，变得更苗条。

（2）反面恐吓：不来健身房，失去好身材。

所以这点被很多行业利用到了营销上。一方面让用户感觉好处唾手可得，另一方面让用户担心失去。把握好以下 4 点就够了。

1. 小付出，大收益

很多微商和招商加盟广告就是这么写的：2 万元开店，年赚 20 万。2 万元和 20 万元一对比，让人感觉太划算了。

2. 确定的收益

人总是趋于规避风险的，即使想获得好处，也会衡量收益和成本。比如有的人懒惰的借口是不能看到眼前收益，对于一个虚无缥缈的结果，现在却要每天付出努力。

所以我们做营销，要站在用户的角度，理解用户这种当下的付出和不确定收益之间的矛盾。还是举招商广告的例子：

堂食＋外卖，多渠道售卖双重收入。每天每人消费 20 元，一天早中晚三餐，只需达到有 27 人进店，一年 20 万元轻松达到！

这么一讲，一年 20 万元也不是没有根据的，瞬间显得预期收入比较明朗了。

3. 马上收益

每天都有进账，收回 2 万元成本只需 36 天！剩余的 300 多天所得，都是纯利润！

这种算法当然是存在漏洞的，但是在说服用户的时候，明确地让用户看得见收益却是必要的。怕得不到，更怕失去，这两种方式还可以交互运用，形成反差，冲击力更强。如：

与女孩约会，你花了 5 000 元置办了一身行头，却毁在 10 元的劣质领带上。

4. 鱼和熊掌想兼得

俗话说，鱼和熊掌不可兼得，但很多人都有选择困难症，比如选择电脑时会陷入纠结：配置高的电脑可能较厚，不方便携带，平板电脑使用范围窄，怎么办？这时候二合一电脑出现了，顾名思义，二合一电脑，就是具有高配置的计算和应用功能，也同时具有平板电脑的便携及娱乐功能。

是的，与其让用户舍弃一样，不如全部满足她！所以各个行业中，二合一、三合一之类的产品，销量普遍不错。

事实上，除了上述几点外，人性还有善妒、易自卑、易焦虑、怕后悔、怕孤单、怕麻烦、爱拖延等。

5.3 现身说法最管用：如何写用户评价文案？

10 年前，信息匮乏，你说"收礼只收脑白金"，用户就信了。

5 年前，在百度推广投钱，让精准用户搜索点开你的网站，就能带来咨询和下单。而现在，任凭你广告打得再炫，用户都不一定认真看。

是竞争太激烈，用户太挑剔，媒体公信力下降？都对，又不尽然。现在的营销，已从单纯的吸引眼球变成了一场赢取信任的博弈。

因为用户每天都被微博、微信各种信息轰炸，用户在看信息的同时，也在创造属于他们自己的内容，用户是互相影响的一群人，他们注重自己的看法，也关注其他用户的口碑。

人们已经养成了一种习惯：上淘宝，看完宝贝详情后也不忘看看买家评价，尤其是中差评；出去吃饭，先上大众点评，看看哪个商家口碑好。不管你是微商，还是生产商、服务商，口碑营销已经成为了不可小觑的趋势。是坐以待毙，还是想办法突围？如果暂时还没有足够多的真实的用户点评文案，那么，先从文案开始，自己创造口碑吧。让文案创作者自己来写用户评价，怎样写得真实有效，不露痕迹？

5.3.1 文采无用，真实才有效

试想一下，几个用户会在评价中写"滴滴香浓，意犹未尽"？大多数也就是写"味道好极了"这样口语化的内容。所以，写用户评价，一定要像用户的语言，比如：

真的是不锈钢啊，万万没想到，比以前500块钱买的还好。（××不锈钢炒锅）

主要是看上这款蒸锅的颜值了，也蛮好用的。（××蒸锅）

小巧轻便，功率大，风力强，真是出差必备啊。（××便携吹风机）

5.3.2 具象化，更有参考价值

怎样才能让人感觉更可信呢？本书前文讲过，越是描述具体，可信度越高。巧用数字或细节描写，就是增强可信度的好方法。

早餐确实方便很多，面包调到3挡会糊，建议1挡到2挡，煮鸡蛋煎鸡蛋都很快。（××早餐机）

大小正合适，放在行李箱里不占位置，风大，家用也足够。（××便携吹风机）

5.3.3　再现生活场景，体现给他的生活带来的实际性便利

还是举早餐机的例子，强调做出来的面包好吃并没有太大意义，因为专业面包机做出来的肯定更好吃。你的用户人群是赶着出门、没时间做早餐的上班族，他们最渴望的不是面包更好吃，而是把做早餐的时间节省下来，多睡20分钟。

儿子上高中，每天早上要早早起来给孩子做饭，老公给买了这个宝贝，早饭一会儿就搞定，奶油吐司热乎的，儿子特别爱吃，不错，以后可以多睡20分钟了。（××早餐机）

5.3.4　亲朋好友的认同，营造购买后的幸福感

人很多时候购物不单单聚焦产品，因为神奇的大脑会在看到产品时，下意识地产生联想：我买了这个东西后，孩子会不会很开心？老公会不会更爱我？所以我们的用户评价文案如果能体现出这点——不买就有痛苦或烦恼，买了的都很幸福，感染力就会翻倍。

儿子自己就能操作，还做早餐给我吃！（××早餐机）
我家萨摩表示很喜欢吃，谁有吃的谁就是大佬，用来做训练小奖励很不错，三四天基本能听懂坐下了。（××狗零食）
物美价廉好产品，七夕礼物，媳妇非常喜欢。（××项链）

儿子、老公、媳妇、狗狗，这些家庭成员的出现，瞬间将产品的意义推向了另一个高度——幸福。这种第三方的认同感，真让人愉悦，也是促使用户下定决心掏钱的一个巨大的推动力。

5.3.5　写点负面评价更真实

你可曾有过这样的经历？在某东或者某宝上浏览一个产品时，都会下意识地点开，特别留意差评，甚至看差评比看好评更仔细？

如果一个产品的众多评价中，一个差评都没有，清一色的好评，你是否会怀疑它的真实性？怀疑它的好评是不是刷出来的？与好评相比，差评的参考意

义更大。

一打开有股塑料味，但塑料味没什么，晾几天应该就好了。配件齐全，没有破损。（××组装玩具）

其他功能还行，就是烤盘没什么用。（××多士炉）

秒杀市面产品，有点重，单手倒菜有难度。（××不锈钢炒锅）

看到没？如果你的产品和服务确实有某些让人可以接受的小问题，你大可以"自曝其短"。但特别强调的是，与此同时，一定要以用户更在意的优点加以弥补。

而且，不是什么缺点都可以曝光的，如"生产日期打印得怎么也看不清楚？也不知道过期没""跟描述的不一样，而且没有 logo，怀疑真伪"这样有损品牌形象和品质的差评，千万不可放上去。

还需要注意的是，曝光缺点这样的做法，更适用于针对文化程度较高的年轻群体，显得足够真诚。而对于卖给老年人或者受教育程度较低人群的产品，应避开此类做法，说太多他们反而会怀疑你的产品没有别人的好。

总结一下，自己撰写用户评价文案的要点：

（1）文采无用，真实才有效；

（2）具象化，更有参考价值；

（3）再现生活场景，体现给他的生活带来的实际性便利；

（4）亲朋好友的认同，营造购买后的幸福感；

（5）写点负面评价更真实。

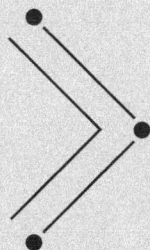

第 6 章

高大上的文案，用户买账吗？

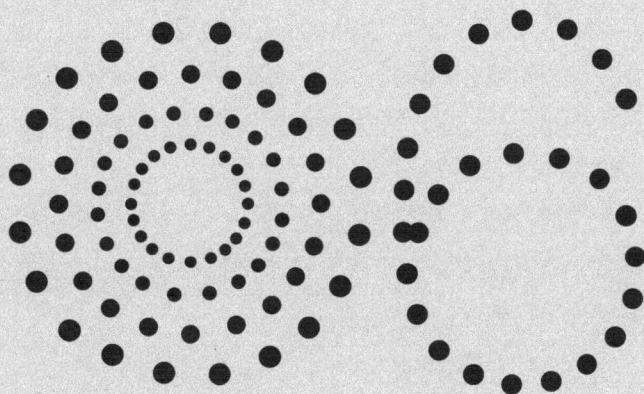

6.1 高大上还是接地气，文案该怎样选择？

这两年文案圈里掀起了一股"说人话"的潮流，随便跟一个营销人聊起来，对方都能给你讲半天"X型"和"Y型"文案。"X型"文案就被称为"自嗨型"，被很多人批得一无是处。虽然本书强调"用户思维"，但在我眼中，文案不是千篇一律的。

举个简单例子，"把 1 000 首歌装进口袋"，这是乔布斯时期 iPod 的文案，用户思维没错，画面感、场景感都没错，很具体地说出了用户利益。

那小米的文案"为发烧而生"算是"自嗨型"文案吗？这样的表述效果就一定差吗？

"时尚会过去，但风格永存；想要无可取代，就必须时刻与众不同"，这样高端范儿的文案在今天就该全部摒弃了吗？很多文案人都在迷茫：高大上还是接地气，到底该如何选？

6.1.1 高大上不是假大空

其实大多数时候，我们都误解了"高大上"，也曲解了用户。我经常遇到这样的客户，动辄就跟我们说："我们的品牌包装，要做得高大上啊。"

"意思对了，再大气点""感觉有了，还是要再大气一点"。大气真是文案创作者的噩梦！

老板眼中的大气文案一般是指什么呢？下面这种是曾被认为"高端大气、

气势磅礴"的地产文案：

> 收藏世界的仰望，
>
> 响应世界的呼唤，
>
> 成就动容世界的伟力，
>
> 感触前所未有的非凡，
>
> 领略从未触及的震撼。

活脱脱把文案创作者逼成了诗人。事实证明，很多时候，这样的高大上都是老板一个人的狂欢。这些经常写高档别墅楼书的文案创作者，还可能蜗居在几十平方米的合租房里，他们怎么能准确地告诉别人别墅住起来如何如何舒适？他们写出来的文字又有多少真切体会？不过是华丽辞藻的堆砌罢了，苍白无力。那么这些空洞的词真的能在用户心中产生"震撼"吗？

很少有用户愿意为一篇华丽而空洞的诗买单。潘石屹先生曾在微博上截取了航空杂志上的两篇平面广告，提出关于广告文案的一个尖锐的问题：广告词都是大而空，文案就不能写得平实一些、有趣一些吗？

而真正的好文案，不管是"起范儿"的高大上风，还是平实接地气风，它本身是有思想、有风骨的；不在于用了多少成语诗句，不在于文字是否优美，而在于将品牌、产品与文案表达融为一体，面向目标用户群体准确输出，并且独具特色。

还是回到本书一向强调的用户思维：做文案之前搞清楚是写给谁看的，他们的文化水平，能认知和理解怎样的文案表达。

一个好的文案从业者，也是有能力根据产品属性和定位切换不同风格的。风格没有对错，只有适合。

下一次，当老板或客户提出"大气"时，不妨考虑下，大气这个词可以转化为哪些具体实在的方面？看看能不能找到真正可圈可点的竞争力，而不是本能地去抗拒"大气"，或者用几个空洞的形容词去敷衍。

6.1.2　"接地气"不等于枯涩无味

"接地气"不等于枯涩无味，通俗也不等于恶俗。文字如美人，优美的措辞才能让人们的目光有兴趣停留。如果一个文案的用词平淡乏味，就相当于长着一张毫无特色的大众脸，让人看了第一句就想关闭，没有兴趣看第二句。这无疑是失败的文案，再多的卖点都没有机会展示。

谁都不可否认，文笔是文案创作者的基本功。有人写的东西就能让人如沐春风，看得津津有味，有人则不行。这就是人们常说的对文字的"驾驭能力"。那么怎样让文案有趣起来呢？下面的内容会详细讲解比较容易打造有趣文案的几个方法。

6.1.3　把产品拟人化更生动

金龙鱼曾经在微博上发起过一个"助力中国美食申遗"的活动，把几道经典菜写得活色生香。

广式烤鸭

我是一只鸭，

看似一只在田间肆意蹦跶的丑小鸭。

事实上我养精蓄锐，静候伯乐的出现。

任凭他一双巧手在我体内、外皮上，

涂抹料酒、麦芽糖、姜葱、花椒粉。

他们将在我细腻的肌理间进行绝妙的化学反应。

一次迷醉的 SPA 后，

作为一只有理想的鸭我必须投身熊熊燃烧的事业，

化身餐桌上的黄金斗士，

在你的嘴唇间开展一场颠覆味蕾的革命，

最终成为一只喷香的广式烤鸭，

走上鸭生巅峰。

静候伯乐的鸭、迷醉的 SPA、鸭生巅峰，这些拟人化的做法，就是让文案"活"起来的第一绝招。这招只要模仿就可以做到，你可以写"有骨气的牛仔裤""等待翻身的牛排""羞红脸的水蜜桃""一块钢板的艺术之旅"……总之，把小学语文老师教的看家本领用起来吧。

6.1.4 让文字饱含深情更动人

前文讲到过如何调动用户的情绪，这部分就从文字的角度讲述怎样调动用户情绪。那就是，让字里行间饱含情意。看看这则巧克力文案：

爱情就像巧克力，甜中带点苦味，
慢慢融入心里，离不开，忘不掉……

再放一则万科地产的文案，也是深情款款，"低调奢华接地气"：

卸下你心里的围墙，你会发现生活的原味。
不管竞争和戒备在那里蔓延，
你也无须把自己关闭。
我们深知和谐的人际环境将改变你的生活，
唤醒你深藏内心的美好向往。
多年来我们精心构筑和谐互动的人际交往平台，
潜移默化地塑造了一个个情感浓郁氛围亲和的社区，
正如你之所见。

要做到这个也不难，把你的产品与亲情、爱情、邻里情等联系起来，表达出怀旧、思念、向往等情愫就可以了。

6.1.5 调动全部感官更精彩

前面讲到过，要勾勒出画面感文案——文案中极端具象化的场景化描述不仅能让用户增强信任感，也能直接刺激用户的消费欲望。举 2 个美食的文案感受一下。

咬住，别让爆浆流出来。
500 多年历史的甜点公主，
酒窝被作为庆祝的压轴点心。

一口咬下，润香的奶在口中摊开。

有经典奶油，粜子原乡和榴莲三种口味。

——甜点

面包中带有南瓜独有的香味，

忍不住咬上一口，

南瓜的馅顺势流出来，

软糯的南瓜瞬间充斥整个口腔。

——南瓜爆浆餐包

很久以前，美国营销大师爱玛·赫伊拉曾说："不要卖牛排，要卖牛排的滋滋声。"写产品文案的时候，要调动视觉、嗅觉、味觉、感觉所有的感官，描述出一幅活色生香的使用场景，让用户看后仿佛身临其境。写完后，你可以给周围人看看，是否看到你的文案后，读者就会自行脑补出一幅画面？

6.1.6　以趣制胜好感加倍

秋刀鱼的滋味，猫跟你都想了解。

——周杰伦《七里香》

比喻、夸张（不是欺骗）、谐音、类比、网络用语等运用到文案中，都会让你的文案妙趣横生。"笑出腹肌""甜过初恋"，这样的表达，短短的文字蕴含无限能量，让人无法拒绝。还有京东"双十一"的文案：

五折天，来狠的！

是不是非常准确的表达，又很有趣？但我并不提倡牵强的谐音，别动不动就一语双关，用户懒得跟你玩脑筋急转弯！搞不好还会弄巧成拙。比如我逛街的时候看到有个服装店名叫作"衣苑"，瞬间没有了走进去的兴趣。只有在切合产品或活动的基础上，有趣的语言表达才是有意义的。

6.2 怎样的文案才能做好"纸上推销员"？

前面讨论了高大上和接地气的文案，其实对于文案风格的争论从来没停止过。一部分文案鄙视另一部分文案"土气、低俗"，传统文案嘲笑新媒体文案"幼稚荒谬无厘头"，新生代文案讨伐传统文案"顽固不化与时代脱节"。

这个矛盾怎么解决呢？"喜剧没有雅不雅的问题，只有好笑和不好笑。"《武林外传》的编剧这样说。文案语言就是销售语言。我为企业做品牌和项目的文案时，很多都是直接落地用于销售终端的，文案说辞直接决定客人是否愿意达成成交。

说起销售力，很多实体店导购员的说法才有真正的销售力，很多在大谈特谈文案写作技巧的人，压根就不知道导购的说法是什么。在长期跟销售部打交道的过程中，我尝试着像销售语言那样写文案，并得出了文案语言的一些结论。

6.2.1 最短时间把事情讲明白

不要让用户猜测你的意图，要在最短时间内让用户知道文案想传达的意思。实体店导购的语言技巧决定了店铺业绩。一个门店的用户对于一个商品从认知到购买，都是发生在用户进店之后，短短几分钟内导购就要使用高超的语言技巧，从品牌优势、产品介绍到购买转化，一气呵成，中间不得有半点差错。实体店导购的强大可想而知。

实战才是检验好坏的唯一标准。我们可以把互联网假想成实体店的货架，企划人员做广告时，就该想到如何销售。

想象一个用户从门口走进你的店铺，你的开场白该怎么讲？怎样吸引他的注意力？如何将产品与他搭上关系？如何让介绍的产品或服务有吸引力？怎样让用户接受你的推荐？第一步成交后，如何加码销售，让用户消费更多？

我研究过很多案例，发现广告公司做出的文案，和策划咨询公司做出的文案有很大不同。大多数的广告公司更注重创意，注重"语不惊人死不休"，制造出一个个新奇的概念，华丽的文字，它们的作品也许更适合去参加比赛、去拿奖。咨询公司和营销策划公司则不然。因为它们的所有策划和文案都是要与业绩挂钩的。它们必须针对企业存在的问题拿出具体的解决办法。

无论是品牌包装还是产品项目包装，都可以直接让销售员拿去使用。每一个投放的广告，都是要用数据评估的。

我在明白这一点后，再为客户企业做文案，都会先让直接面对用户的销售人员过目，看看我所描述的优势有没有包含用户的关注点，按照这样的说辞能不能在短时间内打动用户。经过这样多次的检验，势必能让那些自说自话的文案走下神坛，真正与用户对话。

6.2.2　尽量简单明了，一语中的

啰唆的描述只会遭用户嫌弃。我曾看过一句话："只有当你投入的是真钱而不是塑料币时，你才能真正懂得商业。"很多文案人自己没有做过生意，从小上语文课，被教育"大"不能说大，要说"庞然大物"，"小"不能说小，要说"小巧玲珑"。现在写文案，也掩饰不住那颗骚动的文艺的心。如果让文案人员拿自己的钱去投广告，他可能就不会像以前那么写文案了。

"高级大气上档次"之类的形容词、副词，也许会让你的文案看上去显得华丽，却不适用于跟普通用户沟通，甚至会分散用户的注意力。所以在完稿后，学会给文案做减法，尽量删去多余的形容词、副词、介词。

事实上，真正的好文采写出的文字犹如行云流水，绝对不会给人辞藻堆砌之感。我们写完文案，最好自己读几遍，感受一下是否言简意赅。

6.2.3　表述没有歧义

希腊哲学家爱比克泰德的道德观中有一条是"说话之前，先理解你要说的话"。也许我们很多人没意识到，自己的某些话语在别人看来就变成了"夸张"、"欺骗"和"莫名其妙"。

2015 年某省篮球俱乐部官微发布通知，将取消网络已售球票并将原有票价进行上调，引发了众多网友的不满，一时间掀起轩然大波。后来总经理出面解释，称之前票价并未确定，网上只是预订，因此不存在临时涨价的说法。官微的措辞不够严谨，通告所产生的歧义招致误解，严重损害了企业形象。

可见作为"纸上推销员"，面临大众的"审查"，文案语言比面对面的销售语言更需要精确、经得起推敲。

6.2.4 易于传播的用户语言

广告语不是企业写一句话给用户听，而是写一句话让用户转达给其他用户听的。试想一下，我们向别人推荐一个产品，可能会说：

怕上火，喝王老吉啊。
××手机，拍人更美。

但如果有个人过来跟你说"突破科技，启迪未来"，是不是感觉很怪？

在这里我并不是说"突破科技，启迪未来"这样的文案就没有意义，只不过就短期销售而言，"拍人更美"这样的说辞更容易被用户接受。如果你服务的是 100 人以下的中小型企业，请自动忽略奢侈品牌过去用的那类抽象的广告语吧！如今连香奈儿的广告语都变成了"这个情人节,送给她山茶花(戒指)，而不是一束花"这种风格，有了具体的销售诉求，语言方面比以往接地气很多。

那么如何写出易于传播的用户语言呢？有两个简单易行的方法。

第一，访问一线销售人员，看他如何介绍，因为他们用业绩证明了说辞在终端产生了销售。

第二，采访忠诚用户，即那些不仅长期购买你的产品，而且转介绍别人来买的用户，我们可以了解到他们推荐给别人时是如何说的。

把这些已经产生效果的说辞略予加工，就能写出有助于销售又易于传播的文案。

6.2.5 有针对性地交谈，不要面向所有人喊话

假设你们公司这个月业绩不好，老板很生气，黑着脸把所有人批评了一顿。但第二天，所有人还是一副老样子，该迟到迟到，该玩手机玩手机。

再假设，你们公司这个月业绩不好，老板很生气，把你单独叫到办公室狠批了一顿，说你一个人拖了团队的后腿。如果你有心，第二天就该有所改变了。

同样是批评，集体批评会让人觉得"不是说我"，然后不放在心上；而单独批评却能让人印象深刻，并立即做出改变。

同样，当你的文案是对所有人说的，目标不明确时，就相当于什么都没说！这就是很多老板抱怨广告投放没有效果的原因之一。只有将范围缩小到让别人觉得你在对他说话时，才能起作用。比如：体重150斤以上的姑娘，后来都怎样了？类似这样的，必然能吸引一部分符合条件的人看。

需要注意的是，这种情况下你不能说"各位，大家好"，而应该说"你好"。你不能说"你可能已经有一套房"，或者"也许你有两个孩子"，这样的不确定说辞，会让用户感觉你不了解他，或者你在同时跟很多人说话。聪明的做法是，一定要找到典型用户的共性；你文案中说的每一句话都要让用户觉得你是在跟他一个人说，这能让他认真听你讲，也更容易获得共鸣。

6.2.6　做个高情商的文案人

生活中高情商的人总是受人欢迎，因为情商高的人十分注意他人的肢体语言，甚至是脸部微妙的表情。因为他们喜欢观察别人，也懂得照顾别人的感受。一个高情商的销售员，懂得像朋友一样去关注用户，像朋友一样跟用户相处，像朋友一样给出建议。

文案也需要这样。你的文案语言也要走下神坛，不是生硬的劝说，而是像闺蜜好友那样亲密无间的谈笑和真诚的推荐。

1.对话式交流，给人感觉"我是为你好才说的，一般人我不告诉他"，如：

瑜伽课广告：女人初老的典型现象，你中招了吗？

房地产广告：爱你可以不留余地，但家里不要太挤。

2.可以像朋友间的戏谑，如：

支付宝：每天都在用六位数的密码，保护着两位数的存款。

3.真诚的，不加掩饰的交谈，不为了卖弄文字或标榜自己，如：

瓜子二手车直卖网，卖家多卖钱，买家少花钱，没有中间商赚差价。

6.3　塑造合理的文案"人设"

文案人格、调性这类问题已经有很多人说过了，归纳成一句话就是：以什么身份对谁说话？也就是作为一个品牌，搞清楚我们的文案以一个什么样的"人设"与用户对话，用户才会喜欢？

举个例子，同样是卖化妆品，有的文案一上来就"清仓大甩卖！五折！走过路过不要错过！"那他的"人设"就是一个急于卖货的销售员。

如果一个文案写"快速美白品铅汞含量可能超标"，并且能够剖析内幕，以非常客观的事实或数据来证明某个结论，那他的"人设"就是一个专家！

如果一个文案写道"5 秒钟就能吸收，一点都不油腻，非常值得入手！"她的"人设"可能就是个美妆达人！

一个鲜明的文案"人设"就是品牌的门面，一定程度上决定了品牌的调性。这个调性直接关系到用户对你的信任度和好感度。

比如做农产品的，包装成一个朴素、真诚的老农形象，就比包装成一个伶牙俐齿的促销员更让人信任。卖化妆品的也需要考虑，文案"人设"是"专家"还是"美妆达人"，能够让你的货更好卖。

第 7 章

> 几类常见文案的
差异化写法

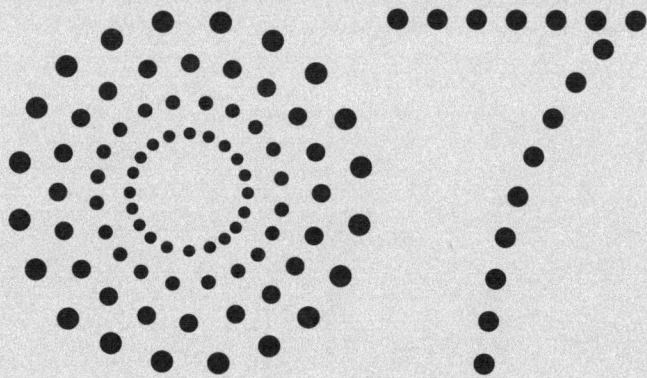

7

7.1 网店文案

有人戏称，如今的文案人员不仅要懂定位，懂营销，还要摸准各个平台的脾气。其实，不同平台的文案写作很早以前就有区别。户外广告和报纸广告的写法不同；邮件广告与官网广告的写法也不同。

时至今日，各类平台更是纷纷涌现。哪怕同样是互联网广告，微信文案与网店文案就有很大不同。只有洞悉各平台特点，卖合适的产品，吸引对的人群，制作符合平台规则的文案，才能达到有效营销的目的。

7.1.1 网店交易的特点

1. 货比三家

淘宝、京东这样的网上零售平台，是一个特殊的存在，它是网购盛行的源头，也是如今互联网交易的主力军。它与实体店和新兴的内容电商都有很大区别。

比如周末逛商场的时候，看到某品牌的羽绒服在打折，你过去一看，刚好有一件看上眼的，款式不错，质量也看起来很好。而且马上就天冷了，自己确实需要一件羽绒服。导购又跟你说，今天刚好打折了。怎么样？买了吧。

相反，如果你意识到天冷了，想买一件羽绒服，于是打开淘宝搜索"女式羽绒服"，跳出来好几页形形色色的羽绒服。上面还有选项，如超短款、常规款、中长款；还有风格，如修身、淑女、名媛、休闲、学生等。于是你选择了自己喜欢的类型，并选择了按销量排序，点开几款看起来不错的，然后下面又出现了几排推荐：你可能喜欢……哇，可选择性太大了，眼花缭乱。于是你开始比较，比款式，比价格，比质量，比品牌，还要再浏览一长串用户评价。

总之，所有能够被直接对比的因素，都会被用户拿来对比。这个时候，用户是理性的，产品的一些指标对他来说很重要。

2. 价格敏感

同款商品，价格往往是决定用户最后购买的一个重要因素，除非用户评价里，便宜的那家差评明显很多。在这种情况下，价格战是不可避免的，除非你的商品确实有过人之处。比如卖 U 盘，内存多少？高下立见。拼参数、拼数据的产品容易获胜，而这时候你跟用户讲情怀，毫无用处。

这种情况下，并不意味着价格稍高的产品就没有出路了，可以打造独特风格，构建你的竞争壁垒。三只松鼠的产品比其他坚果品牌的价格稍贵销量却遥遥领先就是很好的例子。

3. 购买意愿强烈

能主动在淘宝搜商品的人，一般来说购买意愿都比较强烈，大概清楚自己想要什么。因此文案的重心就不必放在唤起用户的需求，而在于怎样让用户在货比三家后，依然选择购买你的产品。

4. 追求完美商品

在淘宝、京东这样的电商平台，很少有人能接受有缺陷的商品，哪怕它很个性。

比如你看上一件漂亮的红色裙子，款式、价格都不错，正准备下单，打开用户评价却看到一句："洗了，褪色严重。"

瞬间，你购买的热情就熄灭了。

5. 简单思维下单

在淘宝上，9.9 包邮的东西总有人买，私人定制类的设计类产品却很少有人问津。一方面是功能用途、参数对比上，这些产品并不占优势，另一方面是大量的同质化模仿者可以迅速拉低原创者的价值。再者，简单化、标准化的东西更适合在淘宝卖。比如一瓶某品牌化妆水，用户可能之前就用过这个牌子，因此，保证是真货的前提下，在淘宝买跟在专柜买，并没有太大区别。而一些高认知、需要太多解释的产品则不太适合在淘宝销售。

比如你公司新出了一款智能芯片运动鞋产品，当时淘宝上没有其他家做这样的产品，你们也没有做太多的市场铺垫，如果就这样放在淘宝上，第一，用户搜索到的可能性比较小，这点可以通过设定相近产品的关键词得到部分解决；第二，你需要在文案里先普及什么是智能芯片，它用于运动鞋是什么原理，是否真的靠谱，问题在于，由于没有任何比较，价格却高出一大截，用户看后即使心动了，也不一定敢贸然下单。

培养市场的过程是相对漫长的，在用户对新品类或新科技完全没有认知的情况下就投入竞争非常激烈的购物网站，并非明智之选。

7.1.2　怎样写出让人一点开就下单的文案？

我们都知道，与实体店不同，网店没有导购，只有客服人员。但在虚拟的网络世界里，很多用户都是静默下单，根本就不和客服沟通。这个时候，能够影响到用户的，也就只剩下网店的广告本身了。其中最为关键的，当然就是文案。一提到淘宝文案，总会有人提到步履不停。

是背包四方流浪，还是留守格子小间？

是跋山涉水远足，还是 K 歌狂欢宿醉？

是文艺棉布长裙，还是狂热豹纹 BRA ？

是 iPhone（苹果手机）4S，还是老奶奶做的棉鞋？

是升职加薪，还是炒老板鱿鱼？

是快乐，还是悲伤？

有什么样的愿望，有什么样的人生。

多文艺，多有意境！不可否认，步履不停的文案自然好，它有自己的调性，俘获了一大波少女心。但是并不意味着淘宝文案仅有一种写法。打个比方，如果你是卖化肥的，你也打算以这样的调性向农民兄弟推销吗？

100% 的淘宝店铺，首要任务就是赚钱。一个全家都靠淘宝店养活的小卖家，如果不能保障全家人吃饱饭，不能给孩子买得起奶粉、尿不湿，讲情怀、比调性与盈利相比，哪个更重要？淘宝就是这样一个地方，那些林林总总的小店铺不计其数，每天都有小店铺开张或倒闭，就好比在狼来了的时候，你还会在乎逃跑的姿势吗？

竞争越来越激烈，没有哪家店是没有危机感的，你是否注意到，步履不停的文案，现在已经变成了这样：

女孩子们都知道，大多羽绒服都背着肿矮挫的黑锅，
冬天羽绒服是否好穿，在于搭配的实用性，
设计了 21 种穿法，让你对号入座。

它仍然保持了一贯的文艺调性，却也加入了更实在的用户痛点。宝贝详情页做得好不好，直接关系到能不能成交。怎样将用户"勾"过来下单呢？我的答案是，提炼更独特的卖点，并且让用户相信你。

既然这本书从头到尾都在强调用户思维，那么这一次，就让我们从用户上淘宝网购的视角来反推淘宝文案怎么写吧。

假设我自己跟很多朋友一样，是一个每天去赶着上班的办公室白领。最近家里的电饭煲内胆坏了，想重新买个好点的电饭煲，于是我打开淘宝。

我在搜索栏输入"电饭煲"，一下子跳出来近百个电饭煲图片。有的主打"球釜内胆"，有的喊"地道柴火饭"，价位也从 100 元左右到 2 000 多元不等。这时候，我有点眼花缭乱了。

我想了一下，感觉"柴火饭"比"球釜内胆"对我而言更具有诱惑力——买个电饭锅，不就是为了吃上一碗好米饭吗？

所以，淘宝文案的第一条——把最重要的产品优势写进标题里。用户搜索商品时，产品图片下面的描述就是标题。如果短短的十几个字里，不能抓住用户的眼球，吸引其点开，那销售基本上无望了。

当然，事后我也了解到，"球釜内胆"也算是一个产品卖点，苏泊尔的"求人不如球釜"还是很深入人心的。但是，对于没听过这句广告词的人来说，它的吸引力就不如"柴火饭"了。

这里边有一个逻辑——我们在前文也讲过，对于一个新推出的高科技产品，人们不明所以，这时候如果能跟人们已有意识里的熟知产品联系起来，让人产生好的联想，目的就达到了（前文讲过"跟用户心中的 NO.1 做比较"）。"柴火饭"，不用解释，大众印象中即儿时农村烧柴火焖的米饭，原汁原味，那叫一个香！哦，既然是这样，那我点进去看看吧。

早晨多睡一小时!

24 小时智能预约!

起床就有热粥喝!

这句话打动了我! 每天早上赶着做饭, 劳累一天晚饭也得做, 中午还得自己带饭。如果能每天早上起床就有热粥喝, 把煮粥的时间用来睡觉, 再好不过啦。

这一点技巧就叫作——分析使用场景, 切准用户脉搏, 即用户会在什么场景下使用你的产品?

比如智能电饭煲, 一般针对的是城市家庭, 这类人缺的是时间。想象一下他们每天早上胡乱扒拉两口饭就急着出门挤公交赶地铁, 就知道你的电饭煲能为他们带来什么了。但是还不够, 每个智能电饭煲都有同样的功能。然后我就看到了:

家乡的味道

一口土灶, 一把柴, 一碗米,

一份儿时的味道。

看到这个, 我脑补了一下, 之前那个电饭锅焖的米饭老是黏黏的, 而记忆中小时候吃的米饭, 确实很筋道很好吃。至于下面什么拉丝金属锅身还是塑料锅身, 其实对我来讲一点都不重要。

由于淘宝电商文案的同质化太严重, 文案最重要的还是提炼差异化的卖点。卖点从何而来? 在淘宝的世界里, 卖点就来源于痛点, 也就是用户选择你的核心决定因素。比如电饭煲, 你可以列出几个用户在选择过程中比较看重的因素, 如图 7-1 所示。

煮饭香	绿色安全	操作简单
外观好看	电饭煲	耐用
功能多	容量大小 (依照个人需求)	煮饭快

图 7-1　用户在选择电饭煲时比较看重的因素

列出来以后分析，哪个要素会成为用户最关心的核心要素？哪些因素可以成为你的产品优势？哪些是你的竞争对手都在宣传的？哪些优势是能帮助你避开竞争，从同行中胜出的？

说白了，淘宝的文案，最重要的不是你多好，而是你比其他家的产品好在哪里？适当的时候，与竞争对手做对比，无形地把它们压下去，这也是淘宝文案常见的一招。

这些优势你必须写出来，不要想当然地觉得用户什么都懂。图文结合，详细分解细节，省去了大量客服的工作，提高了直接转化率。

做完了这些以后，也许用户心中还会有顾虑：他说的这些都是真的吗？怎么破解呢？我们见过很多淘宝店家把各种资格认证放出来。也许你不会去仔细看，更不会去验证它的真实性，但证书放在那里，就感觉很正规，买得很放心。这招叫作——信任背书不含糊。

综上，得出淘宝文案的技巧：

（1）一个标题引点开；

（2）切准脉搏现场景；

（3）杀手卖点定输赢；

（4）信任背书不含糊。

不过，这里总结的只是文案的写法，决定用户最终是否购买的，还有品牌知名度、价格、用户评价等。我们做的，是接受不能改变的，尽最大可能改变能改变的，如此而已。

7.2　公众号文案

7.2.1　不懂这些，微信 9 亿用户跟你有什么关系？

《微信 2017 用户研究和商机洞察》研究报告表明，微信及 WeChat 合并月活跃用户数多达 8.89 亿，近一年来直接带动信息消费 1 742.5 亿元。更可喜的是，用户黏性上升，重度用户显著增长。日均使用时长在 4 小时以上的用户，较 2015 年增加一倍。

从数据看来，微信已经改变了人们的生活方式。微信营销是商家以较低成本营销的好机会。把微信选作商业阵地自然没错。而微信公众号超过 2 000 万，表面上一番欣欣向荣的感觉，但事实上，从微信分得一杯羹的商家并不多，生意还是很难做。

很多传统商家看别人搭上新媒体顺风车名利双收，自己却还跟以往一样进展缓慢甚至走下坡路，面对微信红利束手无策。情急之下，也跟风开了微信公众号，而且是双管齐下，订阅号、服务号一起开。至于开了到底有什么用以及如何操作，绝大多数企业应该都没有考虑清楚，反正就是"开了再说"。

精明的老板，你以为只要把产品图片发朋友圈，就能引来订单吗？你以为只要开个微信公众号，就能坐等收益吗？微信公众号是随便招个应届毕业生复制粘贴点内容那么简单吗？你真的懂微信吗？如果不懂，凭什么跟别人竞争？微信多少用户跟你有什么关系？充其量，你只是一个旁观者。

很多 boss（老板）并不明白这一点。每当看到别人家的公众号阅读量"10万 +"，哪个大号策划了"重回高考""丢书大作战"之类的活动引来朋友圈转发刷屏，老板就会找新媒体小编谈话："我们的公众号都整的些啥？我们这线上怎么完全搞不起来？"或者是"搞了这么长时间了，为什么一个订单都没有，甚至一发内容，粉丝就取关？"

其实在解答这些问题前，我们更应该搞明白，微信营销的本质是用户营销、口碑营销。所以有必要反思一下，用户因为什么关注我们的公众号？我们的公众号能为用户带来什么便利？看了我们的公众号，用户会有什么收获？用户会因为什么跟我们互动？互动以后，用户凭什么愿意帮我们转发？

其实简单来说，微信公众号的功能，其实就是 3 步：

（1）让用户阅读；

（2）让用户购买；

（3）让用户分享。

可是这三步看起来简单，实则并不容易做到。但作为商家，还是得搞清楚以下几点。

1. 如何把用户拉进自己的鱼塘？

微信承载着庞大的用户群，但不在自己地盘里的用户，对我们的营销并无帮助。传统的营销通过会员卡、积分制等手段吸引用户，而微信提供了更多可能。

企业就是一个大鱼塘，无论是发动员工加私人好友还是吸引公众号粉丝，都是把用户引进自己的鱼塘，从而掌握联系的主动权，接下来你只需考虑，每天安排什么营养来养他，不定期给予额外好处刺激他。

需要提醒的是，现在的整个大环境是一片海域，你的鱼塘是开放式的，而不是封闭式的，进入鱼塘的鱼儿也是自由的，它可以随时溜掉，跑到别人的鱼塘里，因此需要更多的方法来留住它。

此外，如果你只是个100人以内的中小企业，或者你做的只是本地市场，你的微信内容面向全国观众就没有必要。你也不要盲目模仿京东、阿里的营销方式，你没有那么大的财力、物力、影响力去搞出"6·18""双十一"那样的大动静。大企业有钱也有影响力，有了品牌沉淀和原始用户积累，很容易一呼百应。但中小企业必须要精细化、精准营销，不要一味贪多贪大，管理好真正属于自己的鱼塘，就已经很厉害了。

2. 先营销后销售，如何让用户依赖你？

通过微信卖产品本来没有错，很多传统企业老板做微信营销是想赚钱，也没有错。但是，很多人急功近利，恨不得一开通账号，就有成千上万的粉丝，就有源源不断的业绩，忽略了人气的聚集是个缓慢的过程；或者说是没搞清自己想做的到底是微信营销，还是电子商务。

如果现在你还把微信当作一个单纯的推销工具，那就大错了。很多商家以为自己在做营销，其实是在做推销。虽然用了微信，其实做的还是传统营销。他们始终停留在利益驱动下的产品思维，翻开那些企业号，很多都在一味强推企业自己的内容，今天开会啦，明天促销啦……各种广告玩法，让人感觉不到丝毫诚意。长此以往，用户会自动生成免疫功能——谁愿意天天只看广告呢？

微信用户数量不少，但必须承认一个事实，大家都很忙，凭什么关注你？有数据统计，60%左右的用户是为了休闲娱乐，30%以上的用户是为了获取知识或资讯，只有极少数用户是为了获取商家动态，比如麦当劳的公众号。

笔者认为，微信公众号最大的便利是为商家提供了一个与用户互动交流的平台。它不仅为企业服务，更是为用户服务。

并且用户也是有生命周期的：从来没听说过你、刚刚认识你、对你产生兴趣、有需求又犹豫不决、第一次购买、重复购买、休眠中、取关流失、因服务好又重新回来的用户。商家如果不能给用户提供有用的、有趣的信息，将会成为超级关系链中被沉淀和冷却的对象。

总之，微信跟所有互联网营销一样，要"互"+"联"。如果你的公众号粉丝多，只是实现了"联"；别人关注你之后，你们的关系才刚刚开始，你需要给他有针对性的、有价值的信息，运用一系列内容和行动，与用户"互动"起来，才能与用户建立信任，让他忠实于你，然后销售便顺理成章了。如此，微信才能真正成为颠覆传统营销的利器。

7.2.2 微信公众号写哪些内容更容易火？

网络真是个盛产奇迹的地方，特别是微信公众号诞生后，很多普通人通过这个平台火了。

为什么有些微信公众号内容能火？因为它具备了能火的"基因"！说白了，所有的营销本质，都是死磕用户需求和痛点，另外，现在有一个词叫"自媒体体质"。只有具备自媒体体质，或者有意培养自己的自媒体体质，才可能在互联网上有所发挥。那么什么是自媒体体质？怎样运用自媒体体质去运营微信公众号，让你的内容更有吸引力，让你的文章"火"起来？

1. 提出颠覆性认知，满足人们求异的需求

不管你喜不喜欢他们，很多微信公众号大 V 都是具备典型自媒体体质的、会玩的人。他们总能打破思维惯性，提出颠覆性认知，并且有理有据，让粉丝一呼百应。

如：《好身材大多是睡出来的》《会哭的孩子没奶吃》，光题目就足够吸引人、让人移不开眼了，当然内容对真相和深度信息的呈现也必不可少。这一点对于很多在传统纸媒浸润了十几年的资深媒体人自然毫不费力。总之，能广为传播的公众号文章体现的观点都是：不随波逐流，要引导潮流。

2. 紧跟热点，独特观点切入，满足人们爱围观的需求

2018 年的第一个月，"旅行青蛙"火了，一夜之间，朋友圈里的男女老少都晒起了自己的"蛙"。3 天内微信公众号就诞生了 80 多篇"10 万 +"爆文。比如，新世相：《在中国，有 360 万人正在假装懂蛙》；O2 生活家：《旅行青蛙的真实菜单原来长这样》；三联生活周刊：《承认吧，孤独如你才会养蛙》；视觉志：《这只青蛙刷爆了整个朋友圈，背后的真相却让人泪奔了……》

追热点几乎是每个自媒体人必干的一件事，但如果只是追的话，怎么比得

过新闻联播，搜狐新闻？

通过这类题目就可看出，有些自媒体大V的精明表现在他们在追热点的时候，都保持了一贯的调性，并有一套自己独到的见解，如三联生活周刊在文章中提到"旅行青蛙能给人一种社交安全感"，观点新颖，成功引发围观。

3. 薪水、房价等扎心话题，戳到用户周期式痛点

《曾经我们有诗和远方，现在我们只想买房》《为什么你的年薪，只是别人的月薪？》，这类话题被称为是"周期式"痛点，每次提起来都痛。只要平时多积累这类痛点，关键时候拿出来结合运用即可。

4. 共鸣性话题，点燃用户情绪

微信自媒体人不是明星，不必高高在上，很多成功的自媒体人都有个特点，对粉丝很护短，大量文章都在替粉丝说话，将粉丝牢牢吸引在自己的阵营，这真正体现了他们对买方经济的深入研究。你说他们放弃了自己的个性，迎合粉丝，他们笑你不够专业；你说他们世俗势利中年油腻，他们笑你自恃清高平庸无为。但是不可否认，很多情感类大号就是有这样的魔力，让你感动到哭，乐到喷鼻涕，愤怒到冒火，然后失去理智到剁手！

《你兼顾事业和家庭，谁来兼顾你？》《你看不上我？好巧，我也是》，解不解气？想不想转发？是不是转发的时候脑海里还会立马出现一个人，恨不得直接转发给他，然后想象他看到这篇文章是什么反应？

5. 关于爱的正能量，唤起用户对爱的需求

不知道你有没有读过《谢谢你爱我》这篇5 000万阅读量、刷新了新媒体历史的文章。除去视觉志原本就有700万粉丝的原因，这样的选题，情感切入点很不错，里边的小故事都是一个个简单的温馨场景描绘，没有主观深入的分析，却感人入心，催人泪下。类似的还有《有一种爱叫：你忙吧，妈妈不烦你了》等。

6. 生活常识类，满足用户收藏的需求

很多朋友都有一个心理，遇到有用的生活常识要收藏或转发给亲朋好友，以备不时之需。所以此类公众号关注度也比较高，如《超全的各种类鞋子保养方法，你肯定用得着》《万万没想到，一根橡皮筋还能做这么多事！》《煮鱼下锅溅油怎么办？民间高手教你两招》。

7. 史上最全盘点、权威预言，满足用户炫耀的需求

比如一个旅游企业公众号文章《春节期间不得不去的8个景点》，用户帮

你转发，他想表达的是，看，我是不是很有品位？这里边的景点，我都能去。

8. 心理测试类，满足用户好奇心的需求

为什么我们看到心理测试就忍不住点开做？做完后还乐此不疲地把结果转发到朋友圈呢？心理学领域用巴纳姆效应和波丽安娜效应解释人们对心理测试的热爱。简单而言，就是人们很好奇别人如何看自己，更深层的就是暴露了人们内心渴望被关注，想让自己的形象得到认证。

比如，《第一眼喜欢哪条黑裙子，测你的性格特征》《你喜欢哪款情侣装？测异性眼中的你》，除了这几种，健康养生类、段子类的文章也容易引起大量转发。在碎片化时间里，对于有趣但来不及看完的，用户就会想分享给朋友。而对于干货知识类的文章，用户看到的第一反应大多是默默收藏。可以看出，用户并没有义务替你宣传，他帮你转发，为的是借你的笔，表达他自己的情绪、主张、品位和价值观等。

因此，想让你的文章被疯狂转发，成为爆文，一切都要从用户入手，多从孤独、懒惰、妒忌、炫耀、盲从、好奇、善良等人性考虑。一般来说，能够唤起人们崇高、愤怒情绪的内容最容易被转发。

另外，都说做微信公众号，想写出爆文，3 分天注定，7 分靠才能，90 分靠运气。因此，最好是选一个自己最擅长的领域，保证能够长期持续输出内容。

但是，与阅读量 "10 万 +" 的 "火" 相比，还是通过公众号月入 "10 万 +" 更实在。那些粉丝量不是很庞大但闷声发大财的销售型公众号更为难得。情感类和八卦类的文章受众基础广泛，容易引起共鸣，也容易火，但用户人群不够精准，因此很难变现。如果你的微信公众号想要变现，一般都涉及产品销售，你不妨试试包装过的软性广告。

卖衣服的可以写《过年回家怎么穿？8 件单品足够应对所有场合》，卖包的可以写《有一只包看上了你的年终奖》，卖车的可以写《10 万买车开三年还能卖 7 万？》，医疗美容公众号可以写《为什么有的人笑起来就特别好看？》。这些文章都与自己售卖的产品关联得非常好。

总之，你的公众号需要内容丰富，并且具备实用性、趣味性、独特性。也要根据内容和用户的特点，为自己的公众号文章设计一个能被用户接受、喜欢的人格属性，包括人设设定、语言特点、内容风格、价值取向等，然后一直沿用，建立自己的特色和辨识度。

四川有一家医院的公众号，每篇文章都是用四川话写的，如《快点来抽奖，晚了莫搞哦》《做了手术吃不下东西咋个办？来 ×× 随访门诊嘛》，深受当地读者的喜爱，每天都有大量粉丝留言互动。而这些质量高的内容被大量分享、转载，必然能够提升品牌知名度和美誉度，建立信任。

7.2.3 微信公众号适合卖什么产品？

一个普通的瑜伽内衣，淘宝只买 50 元上下，某女性情感类公众号却可以卖到 200 元！10 辆汽车，销售员花多少口舌才能卖出？某时尚类公众号只写了一篇推文，一小时内就全部抢完！

一种砧板，淘宝店铺一年才卖出千余张，而一个口碑不错的公众号里，一个月就可以出货上万张！是不是由此说明，微信公众号比电商平台更适合卖货呢？不尽然。真相是，不同的产品适合放在不同的平台。

我认识的一个"90 后"设计师，凭借卖自己原创设计的珐琅饰品，月入近10 万元。其实，我一直 get（理解）不到她的作品到底好在哪里。看到那些首饰的时候，我在想：为什么不去专柜买更漂亮的呢？

这件事的答案是：这位设计师在大学时代就凭借自己的运作，成了网红，在微信公众号上有了一票自己的粉丝。她一直在公众号发文，宣扬自己原创画图设计，并配上亲自烤制珐琅的图片。那些清新文艺的照片，让人感觉这个女孩子生活挺有品位的。

她的作品并不完美，但不得不承认她的营销真的做得非常好。每一件不完美的作品，都会有一个令人心动的名字："破碎的心""落花飘零"……下单的用户，都是先爱上了她的人，认可了她文案中宣扬个性、全世界独一无二的理念，被那种独特的意境打动。至于产品质量怎么样，都不再重要了。

诸多事实证明，微信公众号这个阵地，似乎不太适合卖标准化、参数化、理性太强的产品，比如你想卖爆米花，实体店更合适；你想卖袜子，淘宝更合适。

这并不意味着你就不能在公众号卖袜子，但最好是有特色的、与淘宝的大多数袜子不一样的产品。比如磁性智能防脚裂袜、按摩袜等高科技新奇产品，如果再加入一些感性元素，比如母亲节、父亲节孝敬爸妈之类的就更好了。

微信公众号也从不嫌弃复杂的产品，你有一两千字甚至更长的篇幅，足够为用户将你的产品讲解透彻了。任凭你是讲一个感人的品牌故事，还是在做个科普后代入，在这个小地盘里，用户眼前并没有其他的相似竞品，所以他比较不容易被"勾"走。

7.2.4 公众号文章如何用标题抓眼球？

有些标题一看就让人想转发，有些标题一看就不想点开。据说有篇网络文章，原标题是《不要那么悲愤，这个世界不欠你的》，当时没有什么反响，后来有人转载时将标题改成《我一个 6 年的闺蜜拉黑了我》，结果成了阅读量几百万的爆文。

很多知名的自媒体人都表示：会在公众号文章的题目上花费大量的精力，有时候会花大半天的时间出来，团队讨论定标题。可见标题多么重要！

其实不管是微信公众号，还是传统的软文营销，标题之于文章的重要性都占了 60% 以上。它在这个注意力稀缺的时代，直接决定了文章的生死命运！

用户关心的是跟自己有关，跟自己喜欢或讨厌的人或事物有关的话题。即你的标题讨论的话题，需在他的关注范围内。

写标题前搞清楚，你要讨论的话题跟谁有关？然后在标题中体现出来就可以了。可体现对用户的好处，也可吊起用户的好奇。

如果你是情感类公众号，在标题中出现初恋、女性之类的关键词，打开率一定不会低，因为你的受众一向就爱看这类文章。

如果你是营销培训类公众号，标题里有干货、技巧、汇总之类的关键词，用户就会十分感兴趣，觉得有他们渴望获得的第一手消息。

每一类公众号都应该有自己的关键词库。对新起步或知名度不够的企业或个人而言，最佳的解决办法：关键词组合。具体做法：假设自己是用户，在特定需求的场景下，会搜索哪些内容？把关键词列出来，排列组合，匹配精准用户。好的标题都是有方法的。下面总结一些屡试不爽的标题法。

1."如何"/"怎样"体

普通人如何找到自己的一技之长，并靠它赚到钱？（彭小六）

寒冬里，怎样穿衣才能美丽不"冻"人？

小个子女生，怎样穿搭才能显高？

2."为什么"体

为什么升职的总是你的同事？

为什么你做了 10 年文案，还是成不了专家？

3. 追热点

刷爆朋友圈的"90 后新群体"：为什么我建议你要做中年少女？

4. 列数据

月薪 3 000 元与月薪 30 000 元的文案人的区别！（李叫兽）

1 年时间从普通上班族到月入 10 万元，他只做了 1 件事！（彭小六）

5. 讲故事

放弃百万年薪，她带着一支笔环球旅行，活成了很多人都羡慕的模样。

6. 傍名人

曾给雷军、李彦宏讲引力波的那个北大学霸，后来怎么样了？

那些年，乾隆在苏州翻过的牌子。

7. 做比较

为啥别人毕业 2 年晋升副总，你工作 10 年依然是普通员工？

8. 描述画面

没化妆出门那天，不巧遇到了前男友。

9. 快速代入

哪道菜会让你想起妈妈的味道？

10. 解决问题法

Word 里的神秘空白，现在就来告诉你！（秋叶 PPT）

如何选拔合适的人才？这里有 4 个锦囊。（餐饮老板内参）

Excel 要一个个填？ 3 步搞定批量填充！（秋叶 PPT）

11. 承诺法

简单四步，PPT 制作逼真印章效果！（秋叶 PPT）

12. 唱反调

不要给别人贴标签了，给自己贴更爽啊！（阿何有话说）

13. 吊胃口

PPT 模板不会用，你是不是忘了这些？（秋叶 PPT）

半夜都在排队的成都串串店，得好吃成什么样？

14. 直接喊话

游戏入坑图到啥？你是哪种游戏玩家？（36 氪）

连锁餐饮老板们：别再惦记米其林这只轮胎了！（餐饮老板内参）

拖延症患者的福音！这个高材生用 14 分钟治好了我的拖延症，他是怎么做到的？

15. 自问自答

女人年轻的时候首先该干嘛？先挣钱！

16. 自相矛盾法

你觉得为时已晚的时候，恰恰是最早的时候！

17. 质问型

想做斜杠青年？你具备这些资本了么？（彭小六）

18. 科普型

你买过的保险，十有八九都是错的！

被销售忽悠大了，懂得这些你才能买到真正的好车！（玩车教授）

19. 俗语改写

有钱人终成眷属。

发型丑不可怕，头油头屑最尴尬。（杜绍斐）

20. 利用急功近利心理

如何在 21 天速效治疗拖延症晚期？（彭小六）

21. 利用叛逆心理

不要点开！

此文有毒！

年薪 10 万元以下的请绕行！

22. 利用窥探心理

"活儿好"是一种怎样的体验？（阿何有话说）

23. 制造反差

五星级酒店大厨转战街边做烧烤，来这儿宵夜真的很够味！

每月流水 50 万元，一算居然还赔钱……（餐饮老板内参）

今天你对我爱搭不理，明天我让你高攀不起。

24. 适当夸张

如何把小白鞋洗得比大腿还白？（杜绍斐）

25. 应时应景

江南踏青指南：春风十里，不如吃起！

81 套冬季穿搭指南，再也不怕冷！

以上这些都是容易吸引眼球的公众号标题法。而顶尖高手，就能让人明知是广告，依然点进去读得津津有味。既然你想要用户点开你的文章，标题中就要直接说出读了有什么好处。数据显示，题目中有发现、引进、免费、划算、福利、惊喜之类的词，更容易被点开。

如果你做的是像麦当劳或购物商城这样的企业微信号，你的用户就是为了了解企业最新动态才关注你的，你不必羞于大叫限时免费、限时特价，你可以放心大胆地把你新推出的产品、即将开始的促销活动都放上去。

数据表明，同样一个微信公众号，如果粉丝大多数是你的真实用户，题目上明确做促销活动时，阅读量会比平时增加好几倍。为了不那么枯燥，你可以发点产品或行业相关的实用帖。做餐饮的教用户怎么选择吃饭的好地方，卖化妆品的教人怎么化妆，卖衣服就教人服装搭配技巧。而一旦你发一些乱七八糟、与产品风马牛不相及的内容，他们反而会取关。

很多人问，微信号文章应该写长标题还是短标题？其实，标题的好坏跟长短并没有关系。只不过太短了不足以表达你想讨论的话题，而过去大家不太喜欢的长标题近期越来越受欢迎。很多文章把标题做成了内容提要，让用户不必点进去，只看标题就知道了大概内容。例如：

猫咪快从楼上掉下，小朋友举着雨伞接住它，超暖！（新闻哥）

这样的标题把事件、立场都交代清楚了，为用户节省了时间，也未尝不可。总之，无论长标题还是短标题，读者感兴趣的标题才是好标题。但转发到朋友圈的文章标题，若想显示完整，标题字数需要控制在 36 个字以内。

7.2.5 公众号文案的 8 步成交秘籍

本书一直陈述一个宗旨：商业文案最终的目的就是销售！销售！销售！那么能促成成交的文案，承载了哪些使命？笔者总结有 3 点：

（1）引起关注；

（2）流量保证；

（3）价值观的传播。

那么，我们将这3点分解开来，只要做到以下8个关键步骤，就离成功不远了。这里选取了时尚类公众号 VOGOO 里的一篇文章为例，如图7-2所示。

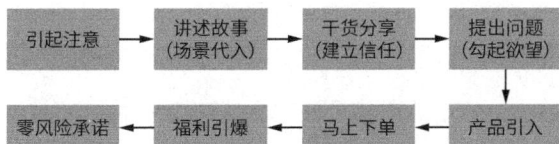

图7-2 公众号文案的8步成交秘籍

1. 引起注意

你的脸太脏了！这支"网红洗面奶"刷爆朋友圈，60秒让你彻底爱上洗脸！

2. 讲述故事（场景代入）

如果你想卖食品，就得想办法先让对方饥饿。如果你想让你的答案被人读下去，就得先让对方产生对答案的渴望。

也可以选择合适的消费场景，或有趣的故事代入。每个人都喜欢听故事，故事一定要吸引人，让人想进一步读下去。一个好的故事胜过一百个销售员。雕爷牛腩、西少爷肉夹馍，无非就是会讲故事，这些故事再加上媒体润色，便形成了不可阻挡的传播力。选择极富视觉冲击力的语句勾勒画面感。当你与故事的主角都合一了，信任问题自然解决了。

打破偏见：一支男性做出来的洗面奶。

3. 干货分享（建立信任）

还是那句话，用户只关心自己。你得给他切实的好处，删掉那些含糊其辞的话，并在此过程中，体现出你的专业、品位。最常见的就是提炼干货，要让精准用户一看就觉得非常受启发，吸引其一直看完。比如一篇卖化妆品的文章，你可以教别人化妆，并且一定是看完有启发有收获的，让人感觉你就是专家。接着上面卖洗面奶的文案：

90% 的皮肤问题，源于清洁不当。

罗辑思维从来都不讲怎么等天上掉钱，怎么从地下捡钱，为什么能吸引一票粉丝？别人为什么相信它？因为它通过分享价值，已经跟用户建立了信任感，有了信任感，再去销售产品，是不是就容易多了？

4. 提出问题（勾起欲望）

很多时候，提问比解决方案更管用。但是这个过渡一定要自然。比如，你在上文已经分享了 5 分钟化妆的技巧，可是什么样的化妆品才适合快速上手不出错呢？你已经说出了洗面奶的神奇效果，那么抛出问题：

晚上忘了洗脸，第二天痘痘都出来了。

洗完还是滑滑的，总感觉洗不干净。

用完一瓶洗面奶，竟然成了敏感肌。

5. 产品引入

当用户已经急切地想要答案的时候，这时候再引入产品，过渡才会自然。

只有氨基酸配方，才能做到清洁和温和的平衡。××××经过长达 800 天的研发后，才有了这支氨基酸温和洁净洁面乳。

现在很多公众号都采用这种广告方式。写一篇"鸡汤"，在你看得热血沸腾的时候来个"神"转折，让你措手不及。本来想着看完文章鼓个掌，既然有广告，那就买东西支持一下吧。但是一定要记住，推销自己的产品，而不是竞争对手的产品。此处需要注意：

（1）定位到产品属性。你的产品是那种不需要深思熟虑，当即就能下单的吗？

（2）定位到人群。你公众号里的粉丝，就是这个产品的目标用户吗？在一个营销垂直号里卖化妆品，就不如在一个美妆公众号里卖化妆品转化率高。

（3）定位使用场景。同一个用户，不同场景下的消费计划是不同的。比如你的公众号，发的都是令人放松的段子，大多数人会在想放松的时候图个乐呵。

这时候你引入的产品，是一个职业培训课程。那么，最直接的反应是什么？可能用户脸上的笑容会瞬间僵住，或者觉得扫兴，转化率自然不会高。

所以，虽然是公众号文章，也最好能够前后一气呵成，让插入的广告丝毫没有违和感。

6. 马上下单

一定要勇于说出"马上下单"，最好再塑造一下紧迫感，因为很多用户有一个心理：怕自己错过了。例如：名额有限，设定截止期限。

在成交的过程中，流程越少越好，时间越短越好。整个流程要超级简单，直接放上收款二维码，支付一定要快速、便捷。一定要为用户提供采取付款行动的各种便利条件。千万不要低估了用户的懒惰程度，大多数时候，他们比你想象中还要懒。你需要明确告诉他们：点击下方按钮，或扫下方二维码付款。这样的成交率会比引导他拉回页面顶端的操作要高很多。

原价139元的氨基酸温和洁净洁面乳，现在直降60+包邮福利，只要79元/支。

现在下单，"双十一"还可领眼霜！

活动每人限领一支！

7. 福利引爆

不知足和贪心是大众普遍的心理。通过列举一大堆好处来激起人们的欲望。用户根本来不及思考，光看到一大堆好处"轰炸"，就有两个字在眼前浮现——划算！

两支组合再减20元，直降140+包邮福利，也就是138元/2支，等于69元/支。

8. 零风险承诺

有些时候，明明只剩下最后一步了，用户却突然反悔，捂紧了钱袋子离去。无论是实体店还是网店，这样的故事每天都有发生。这就好比很多人徘徊在泳池边，却不敢迈出下水那一步，因为他担心有风险。

尤其是网购，无论有多么高清的图片，购买前都是没看到实物的，这就造成用户购物的感知风险，最终影响用户的购买决策行为。比如，买一条项链，担心它是不是假货；买一袋奶粉，担心它质量不好；买一双鞋，担心它尺码不合脚。此外，我们还担心快递几天能到，没听过的牌子是否可信？质量问题怎么处理？公众号销售不可避免会出现这些客观问题。

怎么破解呢？在用户掏钱之前，来个承诺，让她不再犹豫。比如承诺快递 3 天必达，承诺买贵了补差价，在微信销售产品的商家也可以参考淘宝店家的做法，"7 天无理由退换"和"运费险"就是零风险承诺，让用户觉得反正自己也不会亏什么，于是没有顾虑地完成付款。我曾为很多企业做过活动策划，但凡末尾加上"不满意退款"之类的承诺，成交率都会比平时高很多。

7.3　微商朋友圈文案

很多人鄙视微商，但是你根本逃不过微商，或者说，我们每个人都是微商。有人卖产品，有人卖服务，有人卖自己。都说微商的势头已经过去了，但微信朋友圈的营销并未停止。微信 80% 的流量，都来自朋友圈。这是腾讯 2017 年公布的数据。

不过，朋友圈营销的秘诀，你真的 get 到了吗？每天都在苦哈哈刷屏，却多日无人问津？朋友圈里频繁发广告，朋友不胜其烦，最终拉黑了你？几十年建立的人设，因为做微商这件事崩塌？

想做生意，先搞清楚你的产品是什么？很多人会说，是面膜啊，是减肥茶啊。错！微商的第一张名片，就是你的朋友动态！微商的第一产品，就是文案！

你朋友圈内的所有人，包括很多不认识你的人，对你的第一印象都来自你发的信息。一个初加你的朋友，十有八九会去翻看你的朋友圈动态，以此来初步判断你是个什么样性格的人？强势还是温柔？上进还是倦怠？乐观还是悲观？高冷还是热情？还有，你是个什么品位的人？是纵情山水田园，还是享受美酒咖啡？

我同事的一位朋友去应聘中层管理人员，与负责人相谈甚欢并彼此加了微信，原本以为被录用是板上钉钉的事了，结果很多天过去依然杳无音信。打电话过去问，才知道是微信朋友圈出卖了自己。他发过几条抱怨工作太忙，与同事相处不愉快的微信动态，被招聘负责人看到了，认为他抗压能力和人际关系处理能力都不符合岗位要求。

可见微信朋友圈是一个真正的社交场合,而微信文案就是你本人水平的展示。不管你是卖面膜的还是卖房子的,想在朋友圈宣传、销售任何产品,都需要用到文案。文案远胜于你用嘴去劝说,为什么这么说呢?因为对于你说的东西,别人听过也许就是耳旁风了;但是朋友圈的文字一直都在那里,会产生持续的影响力。

7.3.1 如何在杂乱的朋友圈里脱颖而出?

如今很多人的朋友圈好友已经不只是亲朋好友了,数据也表明,2016 年以后,平均每个微信用户好友高达 200 人以上。这意味着大部分人都加了很多陌生人,微信好友中的"泛好友"越来越多。尤其是微商,过半以上都是陌生面孔。

那么,问题来了:打开朋友圈,全是广告,谁还会关心你卖的是什么?在菜市场一般的朋友圈里,怎样让你的产品脱颖而出呢?

1. 紧跟热点

如果你在一天之内发现你的朋友圈里出现了 3 遍以上同样一个或类似的内容,你一定要把它的前因后果搞清楚,因为这就是你的营销机会。

大家关心什么,你就发什么,准不会错。这跟公众号追热点是一样的,但新媒体的热点就那么几天。而一些大家耳熟能详的热词热物、年度网络流行语,持续的时间就长多了。我们要把自己的产品与热点事件联系在一起。

例:《爸爸去哪儿》热播时,我为某培训会写的朋友圈造势文案 1:

美业利润都去哪儿了?

竞争激烈生存艰难?频繁促销收效甚微?

××商学院《创客联盟大通关》绝对成交密训会,

营销专家为你规划全年业绩,打开全新的营销思维,

实现系统落地,把说的变成做的,把做的变成结果,把结果变成利润!

2. 语不惊人死不休

把文案中最炫最核心的一句放在第一句。微商文案的第一句,就相当于文案的标题,直接决定着别人是否有兴趣接着看第二句。

(1)直接质问,让他深思:

2017 年只剩下一个月了，你年初时定的目标实现了吗？

例：我为某培训会写的朋友圈造势文案 2：

有的月赚 500 万，有的苟延残喘。
美容机构为何冰火两重天？
没有成交，一切都是成本！
来 ×× 商学院《创客联盟大通关》绝对成交密训会，
拓客、转化、升单、深挖！！！
营销专家现场定制步步为营锁定用户流程，
让你跟着行业领头羊轻松赚钱！

（2）直接把目标人群喊过来：

生完孩子变"月半"的宝妈看过来！
那个谁，你今天的饮食达标了吗？

"那个谁"这句更狠，不明确叫谁，却容易让每个人都以为在叫自己，自然就会吸引更多目光。

例：我为某培训会写的朋友圈造势文案 3：

美业 boss 看过来！
2017 年就剩下 1 个多月了，你年初时定下的目标完成了吗？
年底了，想不想给自己门店业绩再加一把火？
×× 商学院《创客联盟大通关》绝对成交密训会，
这一次，我们只为大单而来！
即学即用的销售战术，让你每月业绩轻松达 50 万 ～ 500 万！

（3）适当来点夸张：

我今天要累成狗了！

（4）模仿金句：

比如模仿红牛"你的能量超乎你想象"，你可以写成：

你的体重超乎你想象！

3. 违反常态博眼球

前文讲过，什么样的广告会在一大波信息中被注意到？其中一条就是与常见认知不符的，也就是违反常态、不可思议的。

例：我为某培训会写的朋友圈造势文案 4：

不可思议！

一年开出十多家直营店？

新店开业就吸引上百名会员？

这个奇迹的创造者，将亲自为你揭开美业大单的秘密！

来 ×× 商学院《创客联盟大通关》绝对成交密训会，

现场聆听！

做年薪百万的超级卖手，你也可以！

4. 数字造势也吸睛

40 天，从 155 斤肥妞到 120 斤美女！

例：我为某培训会写的朋友圈造势文案 5：

美容机构如何在 2 小时内完成 2~4 个月的业绩？

×× 商学院《创客联盟大通关》绝对成交密训会即将揭秘！

业绩不是做出来的，而是设计出来的！

营销策划导师为你现场讲解大单成交的玄机！

下一个百万年薪超级卖手，会是你吗？

7.3.2　怎样写出一发就卖货的高转化率文案？

对于任何一个微商来说，朋友圈文案的最终目的都在于产生订单，促成交易。如果辛辛苦苦更新，把自己都感动了，到头来还是没有订单，没有成交，那么，一切都变得毫无意义，你的努力只是做了无用功。因此，我们的每一则动态文案都需要有的放矢，让文案具备销售力。

1.场景代入效果佳

没有场景就没有社交。在不同的情景下，要会说对应的话，让用户在脑海中模拟享用产品时情景。因此，如果你的产品广告带有使用场景的话，就很容易在该场景被应用。

可以学学六个核桃，它的广告语是"用脑时刻，多喝六个核桃"。产品的使用场景很明了，大家看后，偶尔会调侃"没事多喝点六个核桃"。当你写朋友圈文案的时候，也可以设计一个应用场景。如：

睡觉之前，来一杯 ×× 减肥茶。

除此之外，如果你能将文字视频和图片相结合，增强代入感，效果更佳！

2.情感冲击博信任

今天接到妈妈电话了，只问了我一句"女儿，最近还好吧"，还有"没别的事了，你自己注意身体，别太累了。妈不打扰你了"。瞬间泪崩！才想起，为了忙工作，已经有半个多月没主动给妈妈打电话了。妈妈总是那个出来不会埋怨你，总会默默牵挂你的人。女儿不孝，没有太多时间陪您，就把这套 ×× 补血套装寄给您，表示一份孝心和歉意吧。×× 补血套装补气养血，专门针对各种更年期症状。愿妈妈喝了它，永远年轻健康！

如果你是卖女性更年期保健品的，写上这样一段文案，是不是比你直接刷屏叫卖要漂亮许多？这段文案，首先是很多人日常生活的写照，也写出了很多忙于工作无暇陪伴父母的儿女的心声，让别人看后感觉你是一个积极上进、忙于工作的人，也是一个孝敬父母、内心细腻柔软的人，由此对你好感度倍增。从中巧妙地植入产品，也不显得十分突兀和令人反感。

3. 差异对比好卖货

如果你是卖包包的，大可以放出细节图，并配上文案，告诉别人，你的包包跟淘宝上售卖的包包，材质上有什么区别，做工又有什么差异，五金配件怎么不一样。

如果你是代购化妆品的，你可以教别人如何鉴别真假进口化妆品，最好也是有图有真相。当然，如果你具备价格优势，也可以与同行进行对比。

俗话说，"不怕不识货，就怕货比货"，朋友圈里那么多卖面膜，那么多卖包包的，用户也是眼花缭乱，因此你非常有必要明确地告诉她：你的产品就是比别人的好！

4. 利益刺激不过时

天下熙熙，皆为利来，天下攘攘，皆为利往。任何一个用户，购买你的产品，都是为了获得一定好处。所以，我们要用文字告诉用户，我们卖的是什么东西，对他有什么用，他为什么要买。

而且这个好处要具体，不能虚无缥缈。因此你可以围绕自己的产品，挖掘出多个价值点，然后为每一个价值点撰写一篇能刺激用户购买欲望的朋友圈文案，形成系列，这比一次性列举出一堆好处要更让人记忆深刻。

比如同一款产品，你可以做一个系列，分别从产品的以下几个方面剥离开：外观优势——像一件艺术品，让你格调满满；便捷优势——7 岁以上小孩都可以轻松上手；品牌优势——×××明星推荐的大牌；口碑优势——用户证言，用了的都说好。

久而久之，这些主题鲜明的文案叠加后，就会产生很大的引爆力，让人看了无法拒绝，只能选择与你成交。

并且，类似全新、省钱、绝招、秘籍、简单这样的词在文案中出现，更容易引起别人观看的兴趣。

5. 扭转拖延巧催单

用户明明很喜欢，却说再考虑考虑。做销售的，哪个没有遇到过这种情况？怎么破解，才能让观望的用户打消拖延的念头，快速下单呢？

往深里想，用户为什么拖着不买呢？我问了很多用户，他们有的说，看看再说很正常啊，谁会看一眼就定下来呢？还有的说，会被周围人影响，别人会说干吗那么着急呢？买东西要货比三家。

正所谓明日复明日，明日何其多！我们该做的是帮助用户克服拖延症。这个时候，用户需要有人给他一种紧迫感——现在立刻买下来才是最合适的。有一句话是这么说的："种一棵树最好的时间是十年前，其次是现在。"

网上有一句流传甚广的房地产文案："不要让今天的全款，变成了明天的首付。"这句文案是如此深入人心，如此有说服力。

运用到我们的文案中，比如我们可以告诉用户，现在入手这台电脑，晚上你就立马可以畅享打游戏一点也不卡的快感了；现在买下这件衣服，明天的晚会你就是万人瞩目的焦点了。早一天买，早一天享受，或者告诉他们，今天就是最好的时机，以后再也不会有如此合适的福利了，让用户果断下单。

6. 增加承诺更管用

"紧迫感+零风险"是一种非常有效的组合。因为用户看到利益诱惑就在前方，现在不买怕错过，但又怕自己买了后悔，在"马上买"和"再等等"之间徘徊的时候，零风险承诺就给他吃了一记定心丸。确保他购买后，就算后悔了也没有任何损失。如影楼承诺，不满意不限次重拍；卖产品的承诺7天内无理由退款。这样做也体现了对自己产品和服务的高度自信。有了这个收尾，转化率疯涨不是梦。

7. 以奇制胜收获多

2017年，我为一家连锁的产后修复中心做营销顾问。由于每个店的规模都不大，可以用来做营销的费用非常有限，于是我建议做成本最低、见效最快的微信朋友圈营销。

当我提出这个想法的时候，他们的老板和员工都说："朋友圈？太乱了。好歹我们也是正轨企业，又不是微商。这么发上去，不会被淹没吗？现在每个人都好友太多了呀，认识的不认识的。"

正是这句话给了我启发，对呀，大家都好友太多了。那种转发到朋友圈就免费送的文案，已经烂大街了。于是我反其道而行之，制作了一条微信："删微信好友，免费领福利！全城宝妈注意啦，凡删除10个微信好友，并在朋友圈发表感言，即可到×××产后修复中心，免费体验原价158元的产后修复套餐。"

消息是由店里所有员工转发的，第二天，每个员工都收到了热烈的反馈，很多用户都说：微信好友不断增多，真正联系的并不多，这个活动让自己想起来要净化朋友圈了，这种感觉很好。当天到店量达到了 60 多人，比起平时 20 多人的到店量，算是一次比较成功的零成本营销。

其实这个创意并不是我首次想出来的，早在 2011 年，汉堡王在 Facebook 上发起了"Whopper？ Sacrifice(皇堡？ 牺牲)"的营销活动：参与者只要删掉自己的 10 个好友，就能获得一个免费皇堡。

朋友圈营销一直都具有模仿性。对于个人或者小公司来说，自己开发一个类似砍价的活动软件，时间和金钱成本都比较高。如果以往的成功案例可以给你启发的话，无疑再好不过了。

7.3.3　怎样在朋友圈发广告才不会被拉黑？

前文就说过，用户讨厌广告，而朋友圈广告就属于那种尤其被讨厌的类型，因为它与人们看朋友圈的目的相冲突，让人感觉被打扰。

我在动物保护小组里认识一个经常救助猫咪狗狗的非常有爱心的朋友，加了她微信后发现她在兼职做微商卖化妆品。每天打开朋友圈，都能看到她发的刷屏广告。虽然现实生活中我很喜欢她，但受不了她这样每天疯狂地刷屏，最终我还是屏蔽了她的动态。可悲的是，大多数微商都是这样刷屏的。当你知道别人屏蔽或者拉黑了你，为什么不停下来想想：

（1）你不是明星，没有知名度；

（2）大家都很忙，没人停下来看你硬广；

（3）你发的内容商业性太强，暴露了赤裸裸的捞钱欲望，让人反感。

朋友圈刚诞生的时候，是一个亲朋好友联络感情的温馨之地，如今却被商业搞得乌烟瘴气。当然，我们做营销的人，不能排斥这种做法，因为存在即合理，有人存在的地方就有生意。我们所能做的是如何把朋友圈广告发得不那么让人讨厌，甚至让大家期待看到你的动态。

1.有血有肉，真我呈现

首先，朋友圈的特点是有朋友情谊性质，因此情感维系要做好。可以多发发自己的日常，可以秀恩爱、晒孩子、晒美食，但不能天天如此。因为前面说了，朋友圈可以展现你的品位。如果你的动态离不开一日三餐、柴米油盐，别人会认为你的格局也仅限于此。

也不要天天炫富，吃的是法国大餐，坐的是劳斯莱斯，偶然发一两次是品位，炫多了只会让人觉得你虚荣，或者赚了下游代理商的钱。

此外，别天天发那种别人不买面膜就会被老公抛弃之类的无脑文案了。第一个这样做的人是天才，现在这类文案泛滥成灾，人们见了都像躲避瘟疫一样，异常反感。文案必须三观正，不能表现出不买你的产品就诅咒人家的意思。要知道，很多时候人们喜欢在愉悦中成交，何况是面膜、包包这样美好的东西，为什么不能让大家快乐地下单，买个好心情呢？你又不是卖药的，化妆品之类的东西本来就是锦上添花，夸奖她比否定她、吓唬她更让她乐意见到你。

几年前，微商野蛮生长，而现在微信朋友圈越来越回归正常社交。没有原则、没有底线的人必将被拉黑、屏蔽、淘汰。

2. 分组设置，精准推送

如今，微信好友已经从亲朋好友的熟人关系，扩展到同事、领导、客户等工作与服务的泛关系时代。这种情况下，信息冗余将迫使用户对精准、定向分发有更强烈诉求。基于平台算法的定制化营销，以及个人发布时的对象分类管理，将变得更有意义和价值。

按性别分，按年龄分，按职业分，按家庭状况分……设置一下分组可见，找到产品的精准用户，让不想看的人不受烦扰，让想看的人感觉如雪中送炭。

每次在写文案之前，分析好将要看到广告的用户是什么样的群体，更喜欢什么样的表达？他们更喜欢浪漫唯美的词句，还是需要专业性的理性分享？这样我们对结果能够有一定程度的把控和预测。

3. 停止自嗨，紧密互动

如果朋友圈都是没有互动的自嗨，你还能持续多长时间？

朋友圈跟日常面对面交流是一样的道理，幽默风趣的人总是能吸引更多人的关注，也容易受到更多人的喜欢。所以，你不妨做一个朋友圈里的开心果，让人每次看到你的文案，都乐得合不拢嘴。

你可以自黑，可以讲段子，别人看乐了还会帮你分享，成交也会在笑声中达成，还能为你的文案创造一个互动的空间和条件。

你可以求助，让别人帮忙；可以抛出一个话题，让别人讨论。这样的做法都可以增加互动性，让很久不联系的朋友活络起来，也增加了你文案的关注度。

4.真诚相助，水到渠成

有人总结说，三等微商卖商品，二等微商卖情感，一等微商卖信仰。

因此，如果你的朋友圈文案在售卖产品或服务之余，还能传递某种价值主张，你的用户将不再只是偶尔购买你的产品，而是成为你的粉丝，崇拜你，追随你。

相反，如果微商为了赚快钱，无底线地故意夸大事实，一旦被用户识破，你将再无翻身机会。

曾经我的朋友圈有位健身教练，我看他天天发的动态都与健身相关，便想咨询一下。我把自己的体质测试表发过去，问他需要做哪些方面的改进。明明我的体脂率显示均衡，他却告诉我，女性体脂显示"皮下"才正常。没有体现出太多专业水准，从始至终没有提出任何一点对我有帮助的建议，只是一个劲地催我报他的私教课，让我对他的职业素养表示怀疑，果断将其拉黑。是的，没有人愿意掏钱去成就别人的意愿，除非真的对自己有帮助。

你是真诚关心，还是急功近利？用户一看便知。真诚是人与人相处的一种智慧，不用刻意，发自内心就好。长久的真诚换来的是信任。

越是那种急吼吼地把赚钱的欲望暴露无遗，用户越不买账。反而那种潜移默化、心中有风景、有内涵、有正能量的人，更有磁场吸引他人，更能成为意见领袖，获得别人由衷的认可、尊敬与崇拜。微商更需要打造个人品牌，需要做一个有节操、有态度、有才能、有个性的"四有"微商。

7.4 女性文案

有人说，女人不是在买东西，就是正在去买东西的路上……女性的消费欲望与生俱来，并在近年来全面爆发。

7.4.1 她时代来临！得女性用户者得天下

越来越多的女性开始拥有独立的购物实力。调查显示，中国已婚女性中，38%的女性表示自己的收入与丈夫差不多，另有14.4%的女性表示自己赚得比丈夫多。而且电商数据显示，母婴、食品、宠物、厨具、家电、家居等消费中，女性是多数家庭消费决策者。

　　可见，谁能取悦女性，谁就基本不用发愁市场。女性自我意识的觉醒和家庭地位的提高，标志着现在已经进入了"她时代"，且女性的狂欢仍然是未来消费行业一个很大的"风口"！

　　各行各业的商家也都更加重视起女性用户。其实早就有人讨论过男性思维和女性思维，但至今没有定论，不过，大众都比较认可：女性比男性更喜欢"跟着感觉走"。

　　不信？看看一对情侣的对话吧！

　　女：我没有衣服穿了，我要去买衣服。

　　男：你衣柜里那么多的衣服，怎么没有衣服穿了？

　　女：可是那些衣服，现在都感觉不好看了。

　　女性朋友们，是不是很熟悉？这是不是你和你男朋友的日常对话？所以，即使我们没有蜈蚣那么多脚，鞋子也已经堆满了好几个鞋柜；首饰买来不一定是戴的，加班的时候想一想，看一看，哦，不抱怨了，又有动力了；化妆品买那么多，不一定要用完；女人的衣柜里永远缺一件衣服！

　　女人眼里的世界不是单纯的世界，而是一幅斑斓的画卷，所以她容易对世界有更多的体验和感受，也比男性更容易受外界影响，容易被触动。因此女性冲动性消费及感性消费概率明显高于男性。

　　跟男朋友出去约会，先买件新衣服！

　　跟好久未见的闺蜜聚会，怎么也得买个新包包！

　　这个月奖金没了，心情不好，买东西发泄一下！

　　升职加薪了，心情好，再买，奖励自己一下！

　　打折购物季，买！

　　…………

　　女人看到一件漂亮衣服的时候，你以为她在关心衣服的质量？不！很可能，她已经在想象自己穿上这件衣服时，享受女同事的羡慕和赞美了。利用这一点，我们的文案可以营造氛围，让她的想象力和满足感继续爆棚。

　　无论是几岁的小女孩还是50岁以上的中老年女性，都喜欢情绪化的表达。我们所能做的，不是跟她讲道理，而是去理解她，甚至帮她说话。比如："半夜起来给孩子冲奶真是太讨厌了！凭什么女人有了孩子以后就要失去自我，围着孩子转？为什么不可以对自己好一点？"

如今不少自媒体就深知这一点，经常讲新女性的自我觉醒等话题，契合了女性对自我内心需求的满足。我们做女性文案，只要巧妙地调动起她们的情绪，挠一挠她们心里的痒痒肉，让其消费欲望蔓延，蔓延到不可控制，你就成功了。

7.4.2　为什么女性更喜欢买高端品？

小说《项链》里的女主角，为了在一场舞会的耀眼，付出了 10 年青春。看起来很可笑吧？事实上，现代女性的化妆品层出不穷，环佩叮当、从头武装到脚，只为得到赞美。

放眼望去，开豪车的、用苹果手机的、星巴克喝咖啡的女性比比皆是，甚至多于男人。

难道是女性普遍比男性富裕吗？当然不是！之所以出现这些现象，是因为女人更加重视自己的内心需求，也会把羡慕、渴求的东西挂在嘴上。这样的心理，也造就了女性在消费时代的一些倾向。

很多男人也理解不了，女孩子为什么要花 300 块钱去美甲？但在女人看来，美甲是一种精致的生活态度啊！什么商品一旦跟精致、品位、小资这样的生活方式联系起来，对很多女人而言就构成了致命的吸引力。有句文案这样写："做了美甲后，喜欢捂嘴笑。"她在告诉别人：看，我多时尚，品位出众！因此，我们在写文案时也要营造这种商品能带给用户的心理享受。

7.4.3　为什么女性更喜欢买打折货？

用苹果手机的女性，跟看到全场三折就两眼发光扑上去的女性，很可能就是同一批人，你信吗？

1. 她不计较花了多少钱，而是省了多少钱

星巴克"加量1/3，价格只贵 3 块钱"的广告，就能让很多女性不顾自己的"小鸟胃"，选择买看起来划算的大杯！人们总是会在优惠面前，放大自己的需求。女性尤其如此！"省下就是赚了"是很多女人的座右铭。

2. 不怕买了多少，而是怕错过什么好处

"老公，你知道吗？今天京东满 199 元减 100 元呢，我又买了很多化妆品！"

"老婆，你不是前两天刚买过化妆品吗？都在桌上还没开封呢！"

"可是，满 199 元减 100 元呢，错过了多可惜！"

扪心自问，这样的对话你有过吗？发现没有？我们逛街或者逛购物网站时，有时候很冲动：购买只是因为打折了！有时候只因为方便面促销的包装上用胶带沾着一个漂亮的玻璃碗做赠品，你可能就会买下一包永远不会去吃的"垃圾食品"。

所以我们做营销，可以在文案中巧设关卡：不要错过难得福利！加强这种此时不买就会错过的紧迫性，让下单来得更快些吧。

7.5　"90后"文案

在做营销顾问的过程中我发现，老板们越来越焦虑了，而这焦虑的问题不是赚不到钱，而是"越来越搞不懂年轻人了"。包括很多知名大品牌、大机构都开始慌了，为了讨好年轻用户，大刀阔斧改革，再配上脑洞清奇的广告。而他们想讨好的"年轻人"，目前看来主要是"90后"——这群20多岁的人。

不少文案人员经常会遇到这样的情况。老板说："咱们公司新出了一款产品，针对'90后'的，你去做一个广告，吸引年轻人。"

很可能文案人员也是"90后"，但不是每个"90后"都懂"90后"。我曾经问过很多"90后"：你觉得"90后"的主要特点是什么？其中的大部分人都说：虽然自己也是"90后"，但人与人之间的差异太大了，自己认为每个人都是最特别的，互相不了解，摸不透。这是个有趣的事情，"90后"甚至自己都摸不透自己。他们说，清楚地晓得自己不想要什么，却不晓得自个想要什么。但根据用户洞察的法则，我们还是可以从他们的行为上看出一二。

7.5.1　为什么你迎合不了"90后"？

品牌营销人需要迎合青年人的喜好和标签，但"90后"是这样一群人：明明浑身上下被贴满标签，却也是最不喜欢被贴标签的人。他们自身就是一个矛盾体，且不按常理出牌，于是常常令品牌感到困惑，想讨好也摸不着门路。但这并不意味着他们不喜欢标签。

淘宝新势力周就做过一次 # 看我 # 活动，调动了一大批"90后"自发参与。

 # 看我 # 行走的荷尔蒙

＃看我＃潇洒小姐

＃看我＃科技小清新

＃看我＃太平洋的疯

＃看我＃蜜汁帅气

＃看我＃萌是第一生产力

＃看我＃秀场小野猫

＃看我＃无公害野生大妞

＃看我＃国民少奶奶

＃看我＃wuli 国民校花

＃看我＃丹宁口袋加点辣

＃看我＃心里藏了块红毯

＃看我＃盛夏甜瓜

＃看我＃萝莉专用马甲线

＃看我＃葱花鲜肉双拼饭

＃看我＃鲜肉馅卤蛋

＃看我＃易燃易爆炸

瞧，这就是"90 后"给自己贴的标签！"心里藏了块红毯"，天哪，这是什么东西，什么意思？相当一部分人表示看不懂，而有的恐怕连"90 后"自己都看不懂。

但是，这就是"90 后"，看似无厘头，实际上有态度！他们给自己贴的每一个标签都有极强的自我意识，向全世界宣告：这才是真正的独一无二。

作为营销人，我们应该欣赏并真正站在"90 后"年轻人的一边，为他们搭建舞台，笑看他们的绽放。一个希望真正收获年轻人青睐的品牌，无法从迎合他们的标签中获胜。最友好的办法就是，不给他们贴标签！

7.5.2　怎样向"90 后"介绍你的产品？

受家庭和社会环境的影响，从来没有任何一个时代的年轻人比"90 后"更有自我意识。

换句话说，在某些情况下，他们更加重视自己的感受，看待事情又更加注重结果。同样还表现在"颜值即正义"这样的主张上。很多"90后"喜欢一个人，不为别的，单纯因为她长得好看：你美你说什么都对。

在这种情况下，如果你想卖点高端产品，还拿出当年卖奢侈品的路子，讲"1张牛皮只能做一个包包"，或者"200个专家花了3年时间才研制出来"这样的论调，"90后"会买账吗？她们只会关心：

（1）包包好看吗？

（2）我背上有格调吗？

（3）为什么比隔壁那个同款贵200元？

对于"90后"年轻人来说，享受日常生活，就是他们的梦想。所以你的品牌或产品，此时此刻，能具体带给自己什么样的实实在在的"小确幸"才是他们首要考虑的，然后才是其他。解决策略：给"90后"介绍你的产品时应遵循以下几点：

（1）清晰而具体地告诉他对他有什么实际利益就可以了。

（2）对于他们的没耐心，我们强调：喜欢的话赶紧下手，马上就能拥有。

（3）消费过程要透明，方便他比价，信息不透明反而会招致他们的反感。

（4）先营造气氛，后实现销售，让他们从内心认可你。

7.5.3 怎样让"90后"爱上你的品牌？

物质过剩、选择众多，如今卖方市场已经变成了买方市场，而"90后"用户只有二十几岁，他们的消费态度还在形成之中。

明显的是，"90后"更加喜新厌旧，比如一个"90后"女孩，已经换过5部手机。这对我们销售产品来说，当然是好事，但令品牌方头疼的是，用户不会只追随一个品牌，他们的消费要求很复杂且多样化，可能同时消费多个契合自己价值观和品位的品牌，并且不时更换自己的青睐对象。5部手机里很可能有3个以上的牌子，他们的品牌忠实度远远不如父母那一辈高。既然这样，我们今后该怎样做品牌，才能让"90后"爱上你的品牌？笔者总结出来一句话：品牌必须具备一定的人格魅力。

1.品牌要有态度，与"90后"有一致的价值观

成都的冬天到了，

你在北京会冷吗？

今天喝酒了，我很想你。

一起喝酒的兄弟告诉我，

喝酒后第一个想到的人是自己的最爱，

这叫酒后吐真言吗？

已经吐了，收不回来了。

提到俘虏年轻人的文案，就不能不提江小白，江小白已经被奉为营销界的教科书。它的文案都是非常情绪化的表达，它像一只小猫撩拨你，又抓痛你。这种情感满足了年轻一代宣泄的需求，并且像病毒一样扩散不可阻挡。

有"90后"形容自己是"迷失了的空虚"，娇惯的幸福是重复被动接受、单一的成功标准、无休止的竞争。心中有很多的梦想，却有更多的迷茫。面对迷茫和失落，他们更需要会生活、爱生活的正能量。如你的品牌能够额外为他们带来满足感、安全感，以及生活的归属感，他们一定会喜欢。

大众点评曾做过一组海报，主题是"会生活的人，在大众点评"。

430 公里外的海上日落，

带着狗狗自驾打卡，

324 000 次泰拳出击，

意外收获马甲线，

生活与身材，

我不辜负。

这样的海报正能量满满，展现了"90后"认真生活、不辜负生活的态度。如果营销人还在肤浅地以为"'90后'都是享受当下，得过且过，随心所欲"的话，你已经站在了他们的对立面，被他们归类为"不懂我的外人"了。明白这一点后，"有钱有势不如有范"这样的广告，看起来就很容易被他们认同。

不要只想着影响"90后"，除非你比他们更具有视野和新奇的创意，否则还是多理解他们的喜怒哀乐吧，理解这一代年轻人，其实他们也同样在努力和奋斗，在迷茫中坚定，在幻灭中成长，帮他们呐喊，为他们助威吧。让他们认同你的价值观，你才能离他们更进一步。

2. 正确表达他们的独特

过去的品牌为了迎合年轻人，总是发出"放飞自我"之类的广告，赤裸裸地表达出自己的特立独行，与众不同。事实上，"90后"是独而不孤的一代，他们不屑于把自己的独特表达给无关紧要的人，招致没有意义的评价和非议，他们更加关注自己的感受，正如"理想的生活是谁也别来烦我，也不想联系任何人"这句文案一样，他们喜欢给自己营造一个不受打搅、不用比较、认真享受的私人空间。不想标榜另类，也不想泯然众人。

"90后"买东西，不在乎你讲什么，更在乎"我感觉怎么样"。他们在选择商品时，比以往用户更在乎商品的个性化、设计感、差异化、创新性等，品牌的流行度等都将是新生代购物的考量因素，市场将呈现越来越多元化的局面。

3. 与他们一起"玩"起来

如果你让一个"90后"做自我介绍，他可能会说："我姓黄，红绿灯的黄。"乍听上去感觉有些无厘头，却很巧妙、很抓人眼球，有没有？

"90后"的娱乐精神已经达到了国人有史以来的巅峰，他们宣称"我每天可以吃的有限，穿的有限，花的有限，但是开心必须无限"，他们抓紧一切时间和机会娱乐，渴望在娱乐中生活，也在娱乐中学习和成长。

正因为这样，一场奥运会都能成为全民运动，帅气的年轻运动员备受大众喜爱，几个表情包就能让女运动员一夜爆红，这在以往任何时代都没有过。

"90后"敢于自嘲，20多岁的他们已经调侃自己是"叔叔大妈"，他们心里充斥着对中年危机的焦虑，但表达方式还是那么娱乐化。

他们喜欢称自己为"宝宝"，经常"感觉自己萌萌哒"，他们喜欢以自己的方式，向这个充满竞争的社会卖萌。

他们是爱玩的、不想长大的一群人，所以品牌如果正襟危坐，他们会无感；相反，如果品牌能够淡化商业性，放低姿态，用吐槽、调侃的语气，演绎仅限于朋友之间的默契幽默，用爱的表达融入他们，或者成为他们娱乐的一个发起人，才能更得其心。这点上奇葩说里的广告就做得很好：

穿衣用有范，穿衣不犯二。

——有范

别让你的头屑陪我过夜。

——海飞丝

奶后吐真言。

——纯甄酸牛奶

掏出来搞事情的拍照黑科技。

——小米手机

4. 分享性要强

你以为叛逆、个性的"90 后"，就没有随大众的时候吗？错！引用一句台词："我虽然住不起和你一样的小区，但我们用的口红都是阿玛尼。"他们也渴望被人认可，渴望社交，消费时将"口碑"列为影响购买决定最重要的因素。

因此，把你的广告做得更适合分享吧！要有体验感、画面感，要追求时代感，高端大气接地气，让"90 后"借助你的金句秀出他自己！让你的产品在"90 后"中间自动传播！

说了上面 4 点技巧，但其实面对"90 后"年轻人，最重要的还是真诚！尊重、理解、相信他们是更理智、更专业的新一代优秀的用户就对了。

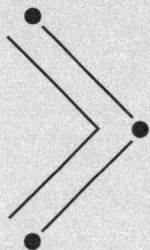

第 8 章

憋不出来文案怎么办？

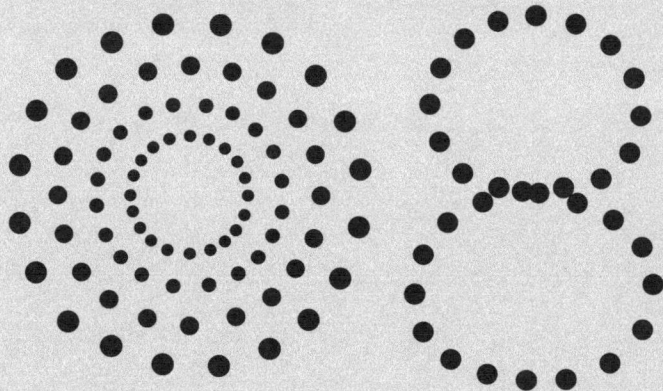

8.1 憋不出来文案怎么办？

懂得很多道理，仍然过不好这一生。同样，读了那么多文案技巧，不一定能写好文案。最痛苦的就是，老板已经下了最后通牒："今天务必把这篇文案赶出来！急用！"虽说文案不是救火，但遇到词穷，还真是心急如焚啊。

这个时候，冥思苦想是没有用的，面前的白纸不会给你任何启发，任凭你搜肠刮肚，写出来的也是味同嚼蜡，寡淡如白水。不用再走弯路浪费时间了，试着跳出去，看看别人的作品，让前人已经验证过的成功，赐予你灵感吧。

很多文案大咖都表示，会在电脑桌面上建一个文件夹作为文案素材库，看到优秀的文案就搜集起来备用。所以，即使是文案大咖，也是先学习，后模仿，最后才超越的。好文案是有规律可循的，三分靠灵感，七分拼技巧。那么，就试着从以下平台搜集归纳，建立自己的文案"小金库"吧。相信我，当你灵感枯竭的时候，这些素材一定可以派上用场。

8.1.1 逛网购平台

为什么首推网购平台呢？因为网购平台是能直接让人剁手的平台。嘴上说着不买了，身体却很诚实——文案功不可没啊。本书一直有一个宗旨：有情怀没情怀，能卖出货的就是好文案。这么说来，淘宝类的电商文案是最符合的了。

1.文案老司机型

一生 1/3 旅程在床上，让我们每天睡好 8 小时。
科技凝胶海绵，静音降噪，翻身不再影响亲爱的身边人。

——静音弹簧席梦思床垫

一面型男，功能夹克，让城市出行更有型；
一面暖男，舒适羽绒，让凛冽寒冬更温暖。

——男款双面羽绒服

这里的每条裤子和半裙，
都至少能搭配 5 件上衣。
在被朗姆酒浇灌过的巧克力面前，
没有冷若冰霜的女人。

——某原创女装店

分析：这一类的文案，非常符合我们对优秀文案的标准。有痛点，有卖点，也有情怀，理性的描述加上感性的诉求，让不同的人都能看到诚意，属于教科书级别的成熟文案。

不妨学学他们的写法：产品参数描述＋这样的特点有什么好处＋对用户有什么好处（＋其他更深层面的满足）。

2.文艺青年型

每天呼吸着爱你的空气，
连眼镜都是爱你的形状，
原宿系少女速成——桃心眼镜，
别说话用心体会爱的眼神。

——桃心眼镜

童年总是会做关于泡泡的彩色梦，
梦里世界都是圆圆鼓鼓。
凹凸缝隙里逃出的空气，
如同小时候的俏皮影子，

把我带回那段自由无忧的时光。

——泡泡棉睡衣

墨染般的暗色，

犹如温和的良夜，

浅浅光泽是挥洒下的星光，

有夜的神秘，亦不失一寸柔软，

不掺杂质的黑色，商务休闲皆可使用。

——网易严选双肩包

四月在花草中行走，

抖落下清凉的露水。

九月在金桂下散步，

携带走一身的脆香。

源自维多利亚时代的马鞍设计，切尔西靴带有英伦古典的气质，

又融入了硬朗中性的帅气感，

却被披头士乐队追捧迅速走红，成为四季可穿的时髦单品。

——切尔西靴

分析：这样的文案无论放在哪里，都能俘虏一波文艺青年。这样的文案像音乐，即使听不懂歌词是什么，曲调渲染的氛围就能感动你。产品品质是否出众已经不重要了，单是这份情怀，就已让人心潮澎湃。

这类文案要瞄准对象，最起码你的用户要求是文化程度比较高的、喜欢这种文艺调性的、较年轻的人群。

模仿这类文案需要一定的文字底蕴，但掌握一个规律就会容易很多：把你的产品尽可能地与情感联系，包括爱情、亲情、怀旧、大自然。

（1）桃心——爱情。

（2）泡泡棉——童年的彩色泡泡。

（3）黑色——夜。

打开你的脑洞吧，看到你的产品，尽可能地联想出 5 种以上的事物，灵感会来的。

3.有趣接地气型

有气质有内涵的红格子裙：
显瘦，显高，谁不想拥有这么一件
穿起来这么有气质有内涵的连衣裙！
一条有骨气的牛仔百褶裙：
全棉的优质牛仔面料，略带挺括，
手感柔软，洗水的骨位效果自然漂亮。

有气质、有骨气，用来形容裙子，一下就活了！这样的淘宝文案，道行也是不浅，值得我们学习。

一直就想要，给你们这些活力四射！敲（超）级可爱的青春美少女带来点有意思又好玩的穿搭！
于是乎，这期的新品具有灵光一闪而成的超级可爱减龄的套装哦！
TA绝对能萌你一脸血！
我是骰子版黑色，上衣以及短裤都分布了大小不一的骰子图案，
来，咱们，掷骰子来决定谁洗碗好了！
比谁大谁小？哼，姐一身的骰子加起来都比你的点数多了，哈哈哈！
很霸气的感觉有没有？
骰子的图案其实还很有趣啊，
就像是童心未泯的小孩子一样，
套装的设计又有青春活力四射的感觉。
啊，太美好了，
图案呢就只印在了正面的，
如果正反两面都印满了图案的话，怕会有一种累赘感哦，
眼花缭乱的，密集恐惧症的朋友应该会起鸡皮疙瘩吧，
就不好玩了，也不有趣了，
所以呢背面就是清清爽爽的纯色哦！

这是我从淘宝某个网红店铺发现的。虽然不一定出自专业的文案人之手，但这种真的很有网红潜质。"萌你一脸血""掷骰子来决定谁洗碗好了""哈哈哈"这些少女们爱用的特有"萌语"，感觉就像好朋友之间在嬉笑逗闹，非常讨喜。

8.1.2 看歌词

最好的广告人，可能不在广告行业，很有可能是歌者。一首单曲循环的好歌，除了旋律优美外，撼动人心的歌词也颇值得玩味。很多歌词，不能不佩服作者的洞察力。那种对人性的把握，细腻情感的宣泄，比 90% 的文案人做得都好。看看这些总能被单曲循环的歌有什么魅力吧。

1. 画面感极强

和我在成都的街头走一走

直到所有的灯都熄灭了也不停留

你会挽着我的衣袖

我会把手揣进裤兜

走到玉林路的尽头

坐在小酒馆的门口

分别总是在九月

回忆是思念的愁

深秋嫩绿的垂柳

亲吻着我额头

在那座阴雨的小城里

我从未忘记你

成都带不走的只有你

玉林路，小酒馆，这些具有一座城市缩影的地点，引起了成都人的共鸣。即使是一个从来没去过成都的人，听了之后都会心生向往。

学习：少抽象多具体，越具体越可信，让人读完你的文案，脑海里立马有一个画面，即用极端具象化手法压垮竞争对手。

2. 一秒代入感

"你会挽着我的衣袖，我会把手揣进裤兜"，多么熟悉的动作和场景！这都是一些生活中随处可见的小事，又用对话式表达，让听的人感觉每一句都在写自己，代入感极强。

学习：表达特定场景下的特定情绪，文案洞察也在于此。场景简单而言，就是"时间＋地点＋动作"，"九月＋成都的街头＋你会挽着我的衣袖，我会把手揣进裤兜"，就这样把产品和用户生活场景结合起来，最大限度地和用户关联起来，感受用户在特定场景下的感受，预测他们在看到你文案之后的心理活动和行动，这样最有可能让用户记住你，并在将来某个时刻购买你的产品。

3. 价值观输出

好多网友说，每天早晨醒来犯困，都会听汪峰的歌。

多少人走着却困在原地

多少人活着却如同死去

多少人爱着却好似分离

多少人笑着却满含泪滴

谁知道我们该去向何处

谁明白生命已变为何物

是否找个借口继续苟活

或是展翅高飞保持愤怒

这样的歌词，对于一个满腔热血又在迷茫中挣扎的年轻人而言，是多么恰当的鞭策与激励！不甘平庸，用力生活，就是汪峰歌曲的主旋律。

"生活不止眼前的苟且，还有诗和远方的田野。"2017 年，高晓松终于将自己的口头禅写成了歌。

学习：好的歌词是一种思想表达，一种对人生的深度思考。生存还是毁灭？怎样活着？这些都是永恒的主题，每个人终其一生都在苦苦追寻答案。有人率先提出，便成为了意见领袖，引发无数共鸣。好的文案又何尝不是？有思想、有态度的文案，更能深入人心。

8.1.3　看电影或电视剧

"看别人的故事，流自己的泪。"看完一部电影或电视剧，就像是看了一部压缩的人生。为什么有些台词会成为经典？就是因为说到人心坎儿里去了，意味深长。其实电影、电视剧就是披着故事外衣的广告，推销美好的爱情、推销珍贵的青春、推销可望不可及的梦想。笔者通过大量的搜集和分析，发现经典台词都是满足以下几个特点的。

1. 矛盾体

听过很多道理，却依然过不好这一生。

——《后会无期》

你们一直抱怨这个地方，
但是你们却没有勇气走出这里。

——《飞越疯人院》

讲个笑话，你可别哭。

——《驴得水》

让全世界都知道我们的低调。

——《窃听风云 3》

这类台词用一个词形容，就是"纠结"。台词本身就充满了矛盾，把人物的迷茫、焦虑、想得到而不得、想突破却逃不出的心理淋漓尽致地表现了出来。

2. 对照体

小孩才分对错，大人只看利弊。

——《后会无期》

我一定会长大，
但我不会长成你们这样的大人。

——《小王子》

知不知道喝酒和喝水的分别？酒越喝越暖，水越喝越寒。

——《东邪西毒》

学习：纵观影视剧和电影里的优秀台词，都是在短短的一句话内，尽可能制造出冲突感。比如对比，大和小、多和少、对与错、真与假，比如意外转折，都能制造冲突感。所以说伟大的编剧都是优秀的文案创作者。

3. 辩证体

没人要看真正的你，就是要看演出来的你。

——《梦想照进现实》

我们之所以战斗，不是为了改变世界，
而是为了不让世界改变我们。

——《熔炉》

为什么你不让别人看到你善良的一面？
因为如果他们看见了，
就会期望我一直是善良的。

——《吸血鬼日记》

4. 悖论体

以结婚为目的谈恋爱，那都是功利的！

——《欢乐颂》

青春就是用来怀念的。

——《致我们终将逝去的青春》

婚礼也是葬礼也是，
为什么非得穿黑衣服啊？
因为两个都是完蛋的日子。

——《我的黑色小礼服》

这种能对人们传统意识发起挑战，提出不同看法又哲理性十足的台词，需要一定的阅历，还要有对生活的发现和思考。微信公众号里很多知名作者都是靠这招胜出的。

从影视剧里，我们能学到的不仅是语言的艺术，更是洞察人心的能力和讲好故事的能力。2017 年，有几个文案刷爆过朋友圈，它们的共同点是电影式讲故事，深入人心。999 感冒灵的《有人偷偷爱着你》，讲述了陌生人温暖人心的故事；方太的《油烟情书》，讲述油烟是父母爱的印记；招商银行《世界再大，大不过一盘番茄炒蛋》，讲述了海外学子请教父母番茄炒蛋做法的故事。从小处入手，却能引起观众的触动，随之将这种感动转嫁至品牌。能做到这样，算是一个顶尖文案创作者了。

8.1.4　跟着综艺节目学文案

每个品牌都在找寻属于自己的风格，综艺节目也是如此。有些节目，光看其文案就能俘虏人心。尤其是如果你想写出互动性很强的 social 文案，学学这些包装得很有趣的文案吧。

1.《我们来了》宣传文案

拥有被观赏的人生，
还是成为人生的观赏者?
看星云膨胀，时间被撕裂，
炙热，冷却，守恒。
看自己，
比别人更清楚。
千帆过尽，笑看风云。

这是《我们来了》的宣传文案。芒果台被称为"传媒圈最有新媒体气质的电视频道"。寥寥几笔，凸显明星的人生，特殊的阅历，超俗的率性，千帆过尽，笑看风云，言之有物，更是质感十足。

最为难得的是，8 位嘉宾，即使不标姓名，观众也能把嘉宾与文案自动对号入座。由此可见芒果台文案捕捉人物亮点的不凡功底。学习第一招：准确捕捉产品卖点，塑造独一无二的核心竞争力。

自检：把产品名称换作竞争对手的产品，看看是不是还能符合。

2.《我是歌手》第四季总决赛宣传片文案

是谁同意把这个世界让给噪音？

是谁困顿着，万物寂寞如谜？

除了大张旗鼓的喧嚣，

或悄无声息的沉寂，

我们和声音有多少种关系？

节奏、音符、旋律，才是声音的初衷，

而也许只有乐音，才能让人类重拾倾听。

借我们一些生灵，

还原声音的诗意；

借我们一点时间，

勿忘初心；

借我们一首歌，

承担生命的温柔和张力。

歌唱是对人生释然的体谅，

歌唱，让爱和梦境练习飞翔。

歌唱穿梭于日常和真相，

歌唱，为音乐镀上天真的光泽。

歌唱让人成为人。

我们歌唱，逆流而上。

　　这个文案一出，叫好声一片，但大众对于"好"文案的评判，似乎还停留在"文采真好"的判断上，这是对文案人的亵渎。

　　如果细品，这个文案华丽的外表下面，也并非华而不实，它藏着作者对于音乐的理解。这短短的一段话，却也包含了文案的几个关键步骤。

　　（1）挖掘痛点：

是谁同意把这个世界让给噪音？

是谁困顿着，万物寂寞如谜？

除了大张旗鼓的喧嚣，

或悄无声息的沉寂，

我们和声音有多少种关系？

（2）产品代入：

节奏、音符、旋律，才是声音的初衷，
而也许只有音乐，才能让人类重拾倾听。

（3）撩拨欲望：

借我们一些生灵，
还原声音的诗意；
借我们一点时间，
勿忘初心；
借我们一首歌，
承担生命的温柔和张力。

（4）诱惑加强：

歌唱是对人生释然的体谅，
歌唱，让爱和梦境练习飞翔。
歌唱穿梭于日常和真相，
歌唱，为音乐镀上天真的光泽。
歌唱让人成为人。

（5）引导转化：

我们歌唱，逆流而上。

我们在前文说过，挖掘用户需求，要多问自己几个问题：你的产品能满足用户什么需求？除此之外，还能满足什么更深层次的需求？

在这个文案中，音乐首先是"代替了噪音，打破了沉寂，唤起了倾听"，其次是"让人生诗意，将现实与梦境连接，对人生释然，充满正能量"。

观众不会去细看广告，就意味着我们的这些深层探索全部浪费了吗？不！当文案以优美的文字描述"生命""人生"的时候，观众已经被感染了。

3.《奇葩说》

喝了就能愉快聊天。

——《奇葩说》雅哈咖啡广告

这句广告是《奇葩说》所有广告中我个人最喜欢的一句。

（1）定位准确。

只有几个字，就能看出雅哈咖啡定位成朋友、闺蜜闲聊时的饮品，场景化很强。

（2）易传播。

现在的年轻人喜欢说："还能不能愉快地聊天了？"这句广告就是借鉴了日常生活中的口头禅，幽默诙谐，加上马东等人在节目中多次提到：不能愉快聊天的时候，喝一杯雅哈咖啡，缓解一下气氛，咱俩好好聊。这样的段子，是不是也容易被用户引用呢？如此一来，相当于不经意间就为雅哈咖啡做了二次宣传，听到者也会对这个品牌好感度倍增吧。

与综艺文案本身相比，芒果台文案人员在接受采访时的一席话更让我深受启发。她说："电视文案其实很难去讲什么自己的风格。不同题材类型已经决定了不同风格……任何一个电视节目，都是奔着清晰的目标人群去的……所谓的'自己'是放在最后面的。就像拍摄镜头一样，如果被观众看见，那叫穿帮。"一切从用户角度出发，把自己放在最后面，这就是一个优秀文案人员的基本素养吧。

8.1.5　看同行成功文案

看同行成功的文案，是每一个文案人都经常在做的事，但很多文案人员的行为只限于简单的"看"，然后看到能用的就照搬过来。不得不承认，这样做比较低级——一个可以照搬过来用的文案，独特性已经打了折扣。

你专注于幸福的每一个点滴，

我们在专注每一个你。

——蒙牛

十年前你的梦很美，

十年后你是最美的梦。

——特仑苏《十年敢想品牌 TVC》

这两个文案，同样是牛奶品牌，同样有着重复、对比形成的韵律感，但又看不出模仿的痕迹。可见模仿同行文案是一门很深的学问，怎样巧妙借鉴又不会被看出来呢？

首先，搞清楚你的同行是谁？比如你是做白酒的，说到同行，比较知名的、做得好的，你首先想到的就是红星二锅头、江小白。

用子弹放倒敌人，用二锅头放倒兄弟。

——红星二锅头

愿十年后我还给你倒酒，愿十年后我们还是老友。

——江小白

不可否认，这两个品牌的文案做得都是深入人心的。红星二锅头是有义气男子汉的现象，江小白则是青春的代言人。

如果你想模仿他们，可以模仿他们的调性，但也要注意，千万别做"第二个江小白"，而是重新给自己找一个定位，写出自己的特色。

如果你担心，模仿的痕迹太重太明显，怎么办呢？你不妨站高一些，将同行不局限于"白酒"，而是"酒"。这样一来，白酒、红酒、啤酒、黄酒、药酒，全都成了你的同行，也成了可供你模仿的对象。

三毫米的旅程，一颗好葡萄要走十年。

——长城葡萄酒

同样调性的还有波旁酒文案：

来一瓶用 9 年时间酿造而来的美酒。

听听它是怎么酿成的?

你有 9 年的时间吗?

藏在旧仓库的橡木桶里 9 年,

我们的时间保证。

9 年的时光已流逝,它刚刚面世。

漫长的 9 年在桶中,一瞬的光彩在杯中。

大陆漂移比这种酒的酿造还要快。

母系社会产生了威士忌,

父系社会将它酿成波旁酒。

我们只能慢慢做,别无他法。

风儿雕刻山峰,时间雕刻波旁酒。

每个月的十五日,

我们会把编号 1394-M 的橡木桶,

向左旋转 15 度。我想你应该知道,

年轮增加了,冰川融化了,而我们的波旁酒还在等。

模仿点切入:极端具象化产品制作过程,彰显出竞争对手所不具备的品质感。
再看看充满阳光正能量的麒麟啤酒文案:

如果一定要为享受麒麟啤酒找个理由的话,

那就是你真的开始怀念纯粹,

没有半点马虎的激情。

一如平日的你,

懂得用心生活的真意,总是全情全力。

与其说是享受麒麟啤酒,不如说就是找个自己,

给自己一面镜子,时刻立体感受真我的风采。

模仿点切入:提炼出酒的特性——纯粹,再由品酒连接到对人生的感悟——
真我,这也是品牌价值观输出的一种方式,坚持宣传就构成了用户印象中的企

业文化。而下面这则芝华士父亲节经典系列文案，则是另一种表达。

> 因为我已经认识了你一生，
> 因为一辆红色的 RUDGE 自行车曾经使我成为街上最幸福的男孩，
> 因为你允许我在草坪上玩蟋蟀，
> 因为你的支票本在我的支持下总是很忙碌，
> 因为我们的房子里总是充满书和笑声，
> 因为你付出无数个星期六的早晨来看一个小男孩玩橄榄球，
> 因为你坐在桌前工作而我躺在床上睡觉的无数个夜晚，
> 因为你从不谈论鸟类和蜜蜂来使我难堪，
> 因为我知道你的皮夹中有一张褪了色的关于我获得奖学金的剪报，
> 因为你总是让我把鞋跟擦得和鞋尖一样亮，
> 因为你已经 38 次记住了我的生日，甚至比 38 次更多，
> 因为我们见面时你依然拥抱我，
> 因为你依然为妈妈买花，
> 因为你有比实际年龄更多的白发，
> 而我知道是谁帮助它们生长出来。

模仿点切入：看似与酒无关，但一个个场景化的细节描写，强烈的情感唤起，而酒是男人间表达情感的介质，父亲节，啥也不说，干了这杯酒，一切感激和爱尽在其中。

怎么样？看了这些酒文案，你找到自己的切入点了吗？如果还感觉不够，或者已经用过了，你还可以站得更高，看得更广些，放眼更多的同行。酒是什么？是礼品！因此，你可以把所有礼品行业都当作同行！脑白金、六个核桃，甚至护肤品礼盒套装，都可以成为你模仿的对象！酒还是什么？是品质生活的体现！咖啡、咖啡机、高档茶、茶具套装的文案，你都可以看看！

延伸到生活方式和品牌调性，你还可以模仿茶文化，比如喜茶，做出你自己独特的酒文化。是的，白酒模仿茶，没毛病！下面这则文案是苏宁模仿雪佛兰的，非常成功。

未来，为我而来。

——雪佛兰汽车

让未来，现在就来。

——2013 年苏宁电器校招

8.1.6　去跟销售员聊聊吧

实践出真知，你坐在办公室里想再多，也不如销售员"真刀真枪"实干出来的管用！当你灵感枯竭的时候，不妨去跟销售员要素材！如果不知道问什么聊什么，就请他讲讲销售过程中遇到的印象深刻的事情吧。

曾经有一度，我不知道该投放什么样的广告，因为似乎每一种广告形式都用遍了，而且竞争对手也都在用，如果不看 logo（商标），感觉都分不清是谁家的了。

有一天午休时间我和销售人员聊天，看到他的朋友圈里有用户的评论，还有用户跟他的聊天记录，包括使用产品之后的效果反馈，有图有真相，甚至有的用户会讲一段自己的真实故事，表达的感谢也非常具体。

我把这些故事整理润色了一下，做成了广告发出去。当时，本地的同行做广告，都是把品牌名字、产品优势放上去，样式就像九宫格一样，好点的就是"××产品全新上市"这样的新闻稿，因此我的这种文案一出，大家都觉得很新奇，效果不错。

尝到了甜头后，我又把用户故事做成了系列广告。我发现，这样真实的故事和感言，情真意切，比自己搜肠刮肚想出来的要有感染力得多。

8.2　天下文案皆是"抄"，看你会"抄"不会"抄"

所有的书籍都有参考资料，再厉害的人，也免不了站在巨人的肩膀上。就好比你要想发明一种智能电灯，只要在现有电灯的基础上再做进一步的改良和升级就可以了，没有必要把爱迪生做过的 1 000 次实验再重复做一遍。文案也可以参考前辈，在经典文案的基础上再加工，能在很大程度节省试错成本。

走红的京东广告文案《不必成功》，用的就是"不必"体，韵律感很强，给人印象深刻。

你不必把这杯酒干了,

你不必放弃玩音乐,

你不必改变自己,

你不必背负那么多,

你不必成功。

看完后感觉似曾相识,后来终于发现,Nike 的经典文案《不必再等四年》,用的就是这个句式。

不必为了荣誉,

不必为了出名,

也不必为了秀给男生看,

不必为了引人注目,

不必做得很完美,

不是非得学谁的样子,

不必走老套路……

再往前翻,2013 年科比复出的时候,Nike 的经典文案《卷土重来》,早已开创了"不必"体。

他不必再搏一枚总冠军戒指,

他不必在打破 30 000 分纪录后还拼上一切,

他不必连续 9 场比赛都独揽 40 多分……

翻新了几次的文案,加入新的元素,照样亮点突出,实力走心,吸睛无数。无疑,这一次次的改良都是成功的,从"他不必"到"你不必",将偶像在赛场上的辉煌历程,改成每个苦苦挣扎的小人物在奋斗过程中的日常经历,共鸣感更胜一筹。

从这个角度看,"抄"文案可耻吗?并不!如果带着脑子抄,节省了时间,提高了工作效率，也是一大明智之举！

8.2.1 抄句式

很多优秀的金句文案，都有一个好句式，朗朗上口，让人过目不忘，还能广为流传。看到这样的金句，爱不释手的同时，跟着写起来吧，现在就开始！把所有的名人名言、俗话谚语、经典广告语，都变成你所在行业的文案！

1.

再小的个体，也有自己的品牌。

———微信公众平台

模仿：
再平凡的女孩，都有追求幸福的权利。

———婚庆行业／交友网站

2.

哪有什么天生如此，只是我们天天坚持。

———Keep（健身产品）

模仿：
哪有什么天生丽质，只是我们天天坚持。

———×× 护肤品

3.

看够了生活的脸色，用口红回敬一点颜色。

———美图美妆

模仿：
学会把岁月的风霜，变成梳妆台上的眼霜。

———×× 眼霜

4.

世界上只有两种人,一种是行动者,一种是观望者。

——托尔斯泰

模仿:

世上只有两种女人,一种是美女,一种是不愿投资形象的女人。

——服装店

5.

小孩子才分对错,大人只看利弊。

——电影《后会有期》

模仿:

小孩才看文笔,大人只看思维。

——文案课程

6.

三分天注定,七分靠打拼。

模仿:

三分天注定,七分靠 shopping(购物)。

——购物商城

7.

你负责挣钱养家,我负责貌美如花。

模仿:

你负责微笑,我负责拍照。

——×× 影楼

8.

只要心中有海，哪里都是马尔代夫。

模仿：

只要心中有爱，每天都是情人节。

——情人节礼品店

9.

只要你知道去哪里，全世界都会为你让路。

模仿：

只要你渴望变美，全世界都会为你沉醉。

——美图软件

10.

20岁不会做梦的人，30岁都在帮别人圆梦。

——地产广告

模仿：

20岁放弃形象的女人，30岁还在单身。

——形象设计中心

11.

别说你爬过的山，只有早高峰。

——MINI（汽车品牌）

模仿：

别说你见过最好看的自己，只在美图秀秀里。

——彩妆品牌

12.

世间所有的内向，都是聊错了对象。

——陌陌

模仿：

世间所有不美的脸型，都是选错了发型。

——美发店

13.

没人上街，不一定没人逛街。

——天猫

模仿：

没有资历，不一定没有能力。

——应届生招聘网站

14.

别人问我飞得高不高，只有她，问我飞得累不累。

——QQ 邮箱母亲节

模仿：

别人只看我长得美不美，只有××，让我要多美有多美。

——彩妆品牌

15.

office 不用太大，装得下梦想就好。

——某办公室租赁广告

模仿：

家不用太大，装得下爱就好。

——小户型广告

16.

与其在别处仰望，不如在这里并肩。

——腾讯微博

模仿：
与其在别处单恋，不如来这里约会。

——相亲交友网站

17.

唯有美食与爱不可辜负。

——下厨房

模仿：
唯有青春与爱不可辜负。

——××护肤品

18.

伟大的反义词不是失败，而是不去拼。

——Nike

模仿：
美丽的反义词不是丑，而是放弃形象。

——形象设计中心

19.

就算你衣食无忧，也觉得你处处需要照顾。

——丸美眼霜

模仿：
就算你天生丽质，也依然需要悉心呵护。

——××护肤品

20.

每个认真生活的人，都值得被认真对待。

　　　　　　　　　　　　　　——蚂蚁金服

模仿：

每一个爱美的女人，都值得被岁月温柔以待。

　　　　　　　　　　　　　　——×× 护肤品

是不是很简单？类似这样富有节奏感的、值得模仿的经典句式，只要我们平时注意收集，需要用的时候就会手到擒来，时间长了，你也可以成为金句达人。

8.2.2　抄调性

如果说抄句式是入门级模仿，那模仿调性就是比较高级的借鉴了。还是以长城葡萄酒的经典文案为例：

《三毫米的旅程，一颗好葡萄要走十年》
三毫米，
瓶壁外面到里面的距离。
不是每颗葡萄，
都有资格踏上这三毫米的旅程。
它必是葡园中的贵族，
占据区区几平方公里的沙砾土地，
坡地的方位像为它精心计量过，
刚好能迎上远道而来的季风。
它小时候，没遇到一场霜冻和冷雨；
旺盛的青春期，碰上十几年最好的太阳；
临近成熟，没有雨水冲淡它酝酿已久的糖分；
甚至山雀也从未打它的主意。
摘了三十五年葡萄的老工人，

耐心地等到糖分和酸度完全平衡的一刻,

才把它摘下;

酒庄里德高望重的酿酒师,

每个环节都要亲手控制,小心翼翼。

而现在,一切光环都被隔绝在外。

黑暗、潮湿的地窖里,

葡萄要完成最后三毫米的推进。

天堂并非遥不可及,再走十年而已。

有人说,长城葡萄酒的这则文案有模仿左岸咖啡馆文案调性的嫌疑。对,就是下面这则让左岸咖啡馆在 1998 年卖了 400 万美元的艺术气息浓厚的文案。

《他带着微笑离开佛罗伦萨》

在巴黎,

微笑可以用法语发音,

他说微笑的名字叫作,

蒙娜丽莎,

即使在安静的咖啡馆中,

那笑,

是无声的,

一杯昂列,

让周边有了热络的氛围,

足以让歌手们、乐师门、丑角们,

都为这一刻活了,

我看着他,

与他相视一笑,

这是 1516 年,

他带着蒙娜丽莎的微笑来到法国,

他是达芬奇,

我们都是旅人,

相遇见在左岸咖啡馆。

　　长城葡萄酒的文案完全没有抄袭的痕迹,却巧妙沿袭了左岸咖啡馆文案的调性,同样是充满情怀的故事、引人入胜的细节和娓娓道来的、个性鲜明的语调。
　　还有许舜英的经典文案,放到追求"网感"的互联网时代,依旧毫不逊色,带着浓浓的个人色彩。在我看来,这就是非常难得的新媒体气质。

没有不性感的脚踝,只有太冷感的凉鞋。
没有平凡的表情,只有无法聚焦的化妆品。
没有不冲动的本能,只有迟到的感官刺激。
没有禁止进入的梦,只有想象力不足的床。
深藏不露的购买欲重新复苏,中心百货信义店全新开幕。

　　有一次我接到礼服馆的策划案,看到所有的礼服馆都千篇一律,平凡庸俗无内涵,宣传广告像极了乡村批发市场的感觉。于是我一下子就想到了许舜英的这则文案。下面就是我模仿许舜英的经典文案,给礼服馆做的文案。

没有不漂亮的新娘,只有太蹩脚的造型。
没有不会放电的眼睛,只有抓不到重点的妆容。
没有平凡的表情,只有不擅捕捉的摄影。
没有平庸的身体,只有不懂展现的礼服。
没有不冲动的本能,只要遇见合适的人。
没有禁止放飞的梦,只有不敢尝试的人。
对大众品位严重过敏者,请来 ×× 礼服馆看看吧。

　　风趣幽默的、小资文艺的、高冷傲娇的、阳光正能量的……凡是这种看了让人印象深刻,有着鲜明个性的文案,都可以模仿试试。因为它能红,能成为经典,说明它符合很大一部分人群的喜好。
　　上文提到的长城葡萄酒的经典文案《三毫米的旅程,一颗好葡萄要走十年》,我对它做过好几次模仿,结果都比较成功。

从这则文案中，我们可以学习到这种拟人的手法和超具象化的对匠心的描述。模仿这则，我为一家做桃子的客户做过系列文案包装。（为了避免广告嫌疑，修改了产品名字，请勿对号入座。）

1.《历史限量的滋味》

时光被奇景惊艳，

岁月在城市里被温柔，

只有在舌尖儿的滋味里，

寻找光阴的故事。

重达 6 两到 1.2 斤的桃子才是真正的蜂蜜桃，

可溶性固形物 12%~14% 的桃子才是真正的蜂蜜桃，

含糖量高达 17% 的桃子才是真正的蜂蜜桃，

只有这样的桃子，才能将齐鲁大地的青天白云藏进胸怀，

甜而不腻，味似蜂蜜，

果肉紧实，香气扑鼻，

吃完手有余香，

蜜汁流淌让人忍不住吸吮手指。

不得不承认大自然的造物水准，鬼斧神工，

历史限量的滋味，不限量的回味，

向临沂的高山流水致敬！

吃一口和光阴交换的甜蜜能量，

包藏着来自土地的殷殷祝福。

2.《保留不完美》

每个农人心里都装着一杆秤，

一端放着时节，一端放着勤勉。

只有农人知道土地和风物的脾性，

只有农人知道培育好桃子需要付出多少努力。

荟萃农人的土地智慧，

148 天的漫长生长期，

凝聚自然的精华，

造就蜂蜜桃的饱满和稀缺。

有一点小疤痕，

甚至还多了一些小裂纹，

再少了套袋和农药，

于是离污染更远，

所以美味好安心。

惜物的人了解瑕疵会存在，不完美是常态，

总会有缺，于是平凡无憾。

惜福的人会仔细品尝，吃得干净。

吃饱了，桃核福现，

滋养肌肤，延年益寿。

一棵桃树只结 100 多颗蜂蜜桃，

多余的都会忍痛砍除。

限量培育，保留不完美，

就算外表缺憾也绝不打碎土地资源。

守拙求真吃大地的力量，

收成了天地人的合作智慧。

让人休息，让土地休息，

因为知足所以拥有更多，走得更久。

3. "桃" 不过的小确幸

平日里总在车水马龙穿行的你，

就要忘了大自然的花香是如何自在惬意，

树在扎根，风在旅行，

叶子也不顾一切地飞舞盘旋，轻轻落地，

但饱满的蜂蜜桃，

于口腔里爆浆而出的那刻，

幸福感洋溢开来。

你忘却了适才的焦躁、挫败、忧伤与沮丧，

世界瞬间精彩，

身体也满血复活，

甜味存在的意义，

就是为了重新体验生命之处的爱与喜悦。

4. 对的时间遇上对的"桃"

蜂蜜桃成熟期在八月十五之前，

当地村民谓之"晚桃"。

由于 7 月持续高温，雨水少，长期的日照，

果糖得到了充分的转化，

甜度和水分都到了巅峰状态！

这份赛过初恋的甜蜜滋味，带给您！

精致生活，从不将就。

每一颗蜂蜜桃都要等熟透了才恋恋不舍地离开树的怀抱，

现摘现发须提前预订，

按照付款先后发货。

预计产量在 2 万~3 万斤之间，

超额的部分按照桃子预计收成给买家退款。

保证发出的每一颗桃子都是货真价实的蜂蜜桃。

8.2.3　移花接木

最后这招最简单，也最不易，直接抄过来就能用，但要用得恰到好处。比如：

一味标榜内涵而忽视门面，也是种肤浅。

——《悦己》杂志

你未必出类拔萃，但一定与众不同。

——求职服务机构

最刺眼的不是阳光，是路人羡慕的眼光。

——新百伦跑鞋

这几句文案直接用于美容美妆行业，也是立意鲜明，内涵满满，天衣无缝。抄文案跟写文案一样，是个技术活，任何的作品都不是无脑操作，恰恰是建立在对企业和产品特性足够了解并深度思考的基础之上。你甚至可以抄诗句、抄史书，只要用好了，完全切合企业的定位、调性、宣传主张，也会让人看后拍案叫绝。

第 9 章

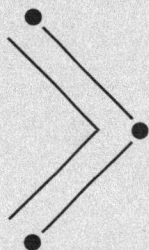

一个文案人的进化

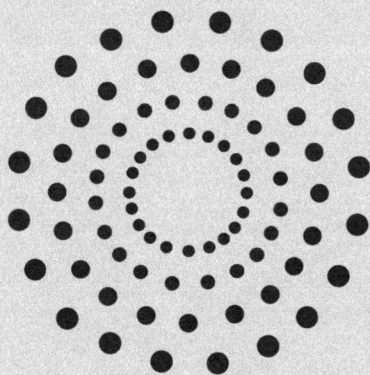

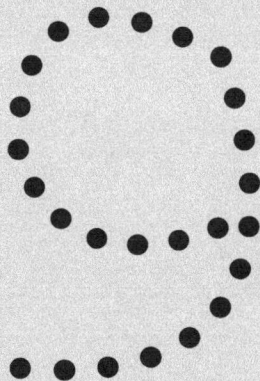

　　为什么有的人工作 10 年、20 年，却不如别人工作 2 年？这个问题在网上经常被拿出来讨论，但我觉得答案都比较片面。暂且不论文案是一门科学还是艺术，任何工作做久了，都可以当作一种技术。

　　既然是技术，都是可以通过学习获得的。那么就像上学一样，为什么同样的老师教，有的孩子能考满分，有的却不及格？

　　你说是不够努力？说这话的人有可能没真正上过学，或者智商过人。我们不难发现，有些上课认真听讲笔记记得比老师板书还工整的学生，充其量也就考个中等成绩；而有些学生，看着很轻松就拿了高分。是付出没有回报，世界就是不公？但真相是：这是带着脑子做事和机械式做事的区别！

　　天赋论、经验论对能力的提高一点帮助都没有，熬时间或者做一些重复性的努力也意义不大。这一章，我会结合自己的亲身经历，让你避开文案进阶过程中的一些坑，少走弯路，早日走上人生巅峰。

9.1　别卧在"天赋"的安乐窝里

　　不管你有没有天赋，都不能过分依赖天赋。说点我自己的真实的事。大言不惭地说句实话，作为一个有生以来第一篇作文就被当作范文，整个学生时代一直在各种杂志、报纸上发表文章，考试作文动不动得满分的人，我被所有的语文老师都称为"有天赋"。整个学生时代我都没有为作文发愁过。无论什么样的题目，我都能在 20 分钟甚至更短的时间内完成。

阴错阳差，我大学学的是化学专业，毕业后我依然记得太多人对我"有天赋"这个评价，于是义无反顾地跨专业成了一名文案人。

在工作的头一年，那种文字表达上的"天赋"的确给了我不少帮助。在被所有领导和同事打上"有才"的标签后，我的工资翻了一倍，调到了企划部很重要的岗位上挑大梁。但很快，我就发现自己高兴得太早了。

当时我们还在投整版的报纸广告，一个整版广告投放成本是 2 万元，但投出去之后，有时候一天只能带来 10 个左右咨询量，能成交的更是只有两三个。民营企业的企划部是要真正出业绩的，老板怎能允许投出去的钱打水漂？于是有很多次，我都被老板拿着数据报表，敲着桌子斥问："看看，转化率呢？"

数据是骗不了人的，支出和收入都摆在那里，没有任何遮羞布。我意识到，原来广告不是随便投出去后，别人看了就会来消费的。你文采再好，在用户那里并没有什么用！而且这种文字表达的能力，只是文案工作中很基础的一部分。即使一个没有任何基础的普通人，在练习几个月之后基本都能达到。在认识到这一点后，我慌乱了，我开始怀疑：我真的适合做文案吗？

写这本书的时候，我回想起那个时期，真的是迷茫期。周围并没有人给我指导，就像在黑暗中摸索的船。

后来我采用了比较笨的办法，把每天投放的报纸广告剪下来，包括自己的和竞争对手公司的，每周对照报表做一次统计。看看什么样的广告转化率高，什么样的广告转化率低，为什么低？应该怎样改进？一段时间后，似乎摸索到了一些规律，转化率也有了一定的提升。

随着行业竞争越来越激烈，传统纸媒的作用越来越小，公司也开始把重心放在了网络投放上。文案不但要写得出彩，还要兼顾关键词，方便百度收录。也就是在那个时候，我开始理解用户思维，揣测用户上网的搜索习惯，百度推广里出现的几行文字应该怎么写，才能吸引用户点进来？

网络广告的投放并不比报纸广告便宜，特别是我所在的行业，竞争更是达到了白热化。有的热搜词，一次点击就要从公司账上扣掉 100 多元！

因为有各种指标卡着，我越来越感受到了文案人与作家真有十万八千里的差距。既然这样，不如就把它当作一种可以研究的科学。

我相信中国的绝大多数网络营销人都是自学成才。因为作为一种新型的营销方式，甲方公司里岗位非常有限，也很少有人带你。我只能在实践中自己去总结、吸取教训，然后再尝试。这样的尝试进步还是比较快的，一段时间后，我的网络文案转化率就远远超过了其他三个做文案的同事，也被领导任命负责其他同事的文案培训指导。

　　讲了这么多，我只想说，文案是一个需要多方面能力的工作。感知力、洞察力、表达力、创新力等，可能你只是在其中某一方面有点天赋，这并不能决定什么，你还有其他更多的短板，要靠刻意的努力去弥补。有句话说得还是很有道理的："以大多数人努力程度之低，还没达到拼天赋的地步。"

　　套用 Keep 的广告语："哪有什么天生如此？只是我们天天坚持。"健身如此，文案也是如此。哪有什么天赋异禀？只是别人厚积薄发。

9.2　文思如泉涌的秘密

　　2016 年，在我做文案已是第 7 年的时候，我感觉自己写出来的东西总是一个味道。每当我接到一个新的项目，我总是下意识地去翻开自己以往做的案例，试图在此基础上做出更多新的尝试。但大部分时候都失败了，脑袋像被掏空一样，无论是创意，还是文字表达，很长时间都被禁锢在那里。

　　我像一个笼中的困兽，每天都被繁忙的工作困顿着，忙完一项工作，来不及喘气，又急匆匆地投入另一个新的项目中。文案的创作似乎成了死水，我意识到，如果再这样下去，脑袋很快就枯竭了。是什么原因呢？那个以往被人说"文思如泉涌"的我，就这样不复存在？我要靠"炒冷饭"来应付接下来的工作吗？

　　当然不能！于是我上网查看别人是怎么做的。结果是，很多我们熟悉的自媒体大咖们都承认，想每天创作出新鲜的内容，必须不断地输入、汲取。对呀，问渠哪得清如许，为有源头活水来。

　　很多朋友跟我一样，每天都忙着机械性地工作。虽然我们承认，工作的过程本身就是学习和积累，但是如果忙到没时间去输入，去思考，去总结，只是躺在过去的经验上醉生梦死，那跟流水线工人还有什么区别？

　　特别是当你周围的人，你每天见的同事、老板、客户，他们可能会在商机、管理、处事思维等方面给你启发，却唯独不能在文案方面给你指导时，你必须靠自己去不断地学习。不管你是 20 岁还是 80 岁，一旦你停止了学习，就意味着真正的衰老到来了。

现在有个词很火，叫"碎片化学习"。所以我知道每当提出学习，很多人就会反驳：我每天都在学啊，我上厕所的时候，都在看微信公众号的那些文案技巧。

好巧，我也是。但这种学习方法，基本上只是为了安抚我们自己的焦虑，对文案提升并没有实质性的帮助。100 个作者有 100 种说法，这其中当然有重复的，还有鱼龙混杂的。刚开始看，觉得确实有启发，有些技巧可以拿来就用，但看得越多，焦虑感就越重。

第一，当你捧着手机在看的时候，很容易受到其他信息的干扰。比如，某购物平台突然跳出来的"双十一"促销信息，打车软件发来的优惠信息，还有不定时提醒的手机账单……都有可能让你忍不住停下阅读，点击那些更具诱惑力的内容，思维随即被打断。

第二，没有一个讲文案讲营销的公众号是像长篇小说那样连贯性地发布的。大家都在忙着蹭热点，或者公众号作者每天思考的，不是系统地讲解、讲透某个内容，而是今天发什么样的内容更容易成为爆文。所以看完之后，你可能当天会把一些战术性的技巧现学现用，但过几天，那篇文章给你的印象已经逐渐淡化，你还是会陷入思维混乱的泥潭中。

第三，你经常看到的"他靠这篇软文，一个月赚了 20 万元"，吸引你的不是里边的文案技巧，而是赚的那 20 万元。你带着很强的功利性点进去，发现所谓的爆文，不过是为了卖作者自己的培训课程。如果不报班，你几乎在这篇文章里学不到任何文案技巧。

当我发现了以上问题后，我决定不再用"碎片化学习"欺骗焦虑的自己。我经过看目录筛选，买了几十本思路清晰的关于文案和营销方面的书籍，是的，纸质书，古今中外的都有。

还有些口碑很好的书，我没有买，有些书光看目录，就大概知晓一二了。吸取精华，我们神奇的大脑会自动补齐其中的细节部分。

买了书之后，我适当地推掉了一些做了意义不大的工作。2016~2017 年，我读了 37 本书。要知道，对于我这样一个工作繁忙的人来说，在过去 30 年里都从未有过这样的读书纪录。读书过程中，我像饿了很久的人，大口大口地嚼着书中的知识。越来越发现，自己需要恶补的东西太多了。

但当几十本书读下来，我对文案、对营销、对商业的看法，有了翻天覆地的变化。再写文案时，发现没有那么困难了。接到每一个任务，我都能很快地明白接下来该怎么做，一切都手到擒来。

9.3 学习力就是文案的竞争力

前文提到工作了 10 年、20 年，仍然拿着跟新人差不多工资的文案人。这类人大多数是工作第一年时也曾热情如火，积累了一点经验，之后就十年如一日地依赖这点经验混日子，再没有任何大的提升。

还有一部分人，在文案岗位上工作三五年之后，遇到的事情多了，也能积累出一些经验，做到了 60~80 分，已经可以满足职位的要求。但是在日常工作中，接到任何新任务，他都会机械地调动记忆中的处理经验来办。这就好比高考前，有人把十年高考题全部做了一遍，熟能生巧，有人只做了一部分的题目，就整理出了几种常见模型和一套解题的思路。虽然都能达到目的，但明显只靠经验积累，不总结方法，到达终点就要慢得多。从这个角度来说，会学习、会思考是拉开文案人成长差距的一个重要因素。

因为做咨询行业，见的人多了，发现人跟人的学习能力真的有很大的差别。同样看一本文案书，第一种人，看完后感觉这些理论我都看过，没什么新奇的。然后照样浑浑噩噩，写文案时没有思路。

第二种人，属于非常勤奋非常好学的，每一次看书都非常努力地试图记住所有的技巧，并且会把看到的经典广告抄下来，写文案的时候进行模仿，模仿多了，能写出不错的作品。

第三种人，他能够总结出关键的技巧，并在写文案的时候举一反三，落地实践，不断进步，成为拥有较强竞争力的文案人。

第四种人，看完很多书之后，他能够把所有的东西嚼碎揉烂消化，然后重组，总结出很多规律和方法，形成自己特有的一套新的知识架构。他对知识的理解不限于"术"，而是品出了"道"，甚至能够与时俱进，持续输出，教给别人。

不管是看书，还是从以往的工作中积累经验，学习、模仿都只是表面，只有构建自己的知识体系，才能实现实质上的飞跃，成为难以取代的人。这就涉及已有信息的梳理和总结，如图 9-1 所示。

图 9-1　对已有信息的梳理和总结

前面讲过要建立自己的一个"资料小金库"。这个金库里就是自己看书、听课的笔记，或者与别人聊天、日常生活中积累的灵感。隔段时间就要把这些东西翻出来，分类整理。在整理中我们经常会遇到，对于同一个问题，会有不同的声音。这时候我们就要深度思考，加入自己的理解。等到积累到一定程度了，你就对于每个问题都有了更全面、更客观的理解，于是自成体系，写作的时候也可以有所发挥，独树一帜。

9.4　文案思维是这样养成的

前面讲的是文案人在成长过程中的关键。其实文字功底是否深厚，灵感是否爆棚，只是决定文案好坏的冰山一角，工作这么多年，我发现人与人最大的区别，不是年龄、阅历，也不是经验、天赋，而是思维。所以文案人真正的跨越过程，实际上就是文案思维的刻意练习。

大多数人只是根据问题的表面特性引导思考和行动的。接到一项新的文案任务，普通文案的做法是什么？据我观察，应该是上网到处去查各种资料，从广告案例和身边事物上寻找灵感，试图从同行文案中扒下来一部分为己所用。

而真正的高手对文案有着自己的观点，知道什么样的营销是有效的。这些认知引导他们去更多地思考。他们会对每一次的营销目的透彻了解——是吸引点击，还是促成购买？对将要推出的产品深入理解，对目标用户做一个精准分析，甚至会根据投放渠道选择匹配的文风。他们能透过表面，围绕核心概念来思考和行动。

9.4.1　从不同层面思考

其实仔细想想就会发现，我们写文案的宗旨就是：为价值而写！用户也是因为价值而买产品！产品的价值决定了你最终的收益，因此我们要学会挖掘商品价值，包括有形的和无形的。比如接到一个卖砖的品牌：

（1）第一层面（直接利益），好品质的砖，可以盖出结实的房子。

（2）第二层面（情感连接），家庭——一家人围坐在壁炉前，安全而温暖。

（3）第三层面（价值观输出），房子由砖瓦建造，他们的梦想是触摸蓝天。

如果单一卖第一层面的产品，那么价格空间非常有限。如果能够赋予它更多情感和理念的附加价值，局面就会大为改观了。

9.4.2　从不同角度思考

当所有人都说"Y 型文案"比"X 型文案"好时，我们不妨想想，是不是"Y 型文案"真的适用于任何一种情况？它不适合什么行业或什么品牌？在什么情况下无法发挥它的作用？

举个例子，"甜过初恋"被誉为民间神文案，多次荣登文案界的楷模榜。大家都陷入了对类似文案的狂欢崇拜，却很少有人去想，这样的文案到底针对什么样的用户才管用？

如果你面向的是挎着菜篮牵着娃的家庭主妇，"初恋"什么的也许并不能让她心头一动，而"买一斤送半斤"却能让她两眼发光飞奔过去。

如果你想卖给忙着加班的写字楼白领，"甜过初恋"什么的她此时也顾不上考虑，如果宣传"新鲜大橙子，洗净切好送货上门"也许卖得更快。

刻意的标新立异并不能让你成功，但多进行一些思考，也许就会有新的发现。不要去崇拜和盲目听信任何一个大咖，保持尊敬就好。学着拆掉思维的墙，多给自己一些想象力。

9.4.3　学会与自己对话

大多数的公司，会因为一个活动提案进行头脑风暴，但文案注定是一个人的孤独创作（专业的微信自媒体公司除外）。那么作为一个孤单的文案人，与自己对话也是一项非常重要的技能。

想象你和另一个你面对面而坐。问问对面的自己：

这次文案的主要目的是什么？吸引点击，曝光品牌，还是为了激起用户购买欲？如果我是用户，什么会吸引我去买这个产品？（找出一个关键驱动点）如果我是老板，花自己的钱去投放这个广告，那我会想要怎么做？多次练习后，你做出的文案的销售力会大大提高。

9.4.4　学会自检

很多文案人觉得，文案就是给老板、给客户一个交代，只要过稿了就算完事。但这样的心态，会使自己长期卧在经验的泥潭里，很难有大的进步。

我曾经带过两个同期招进来的新手文案人，一男一女。两个人在完成本职工作时的不同之处在于，男孩子对工作的态度是"完成就好"，而那个女孩子在完成文案工作的时候，总能提出很多有见地的想法，更难能可贵的是，做完每一次工作，她都会主动要求看数据反馈，以在后来的工作中进行调整。

她第一个发现公司的某些百度推广关键词设置不够好，并做了很多调查，根据用户习惯修改出了一套更好的解决方案，为公司节省了不少钱。

她第一个发现公司网站的专题不够有新意，并做了大胆的改进尝试，大大提高了转化率；她每一次的文案，都能让我看到通过刻意的练习和更多思考而带来的策略上的进步。

在我看来，她不仅能完成安排的任务，而且能站在更高的角度思考和解决问题，给了我很多灵感和不错的建议。

一年后，她得到一个很好的机会，成了另一家公司的企划部总监，工资翻了一番。而跟她一起进公司的男孩子，工作半年后就受不了文案的枯燥离职，但再找的工作依然是初级文案，工资与试用期无异。

大部分文案人都觉得自己苦哈哈的，每天要承受来自上司、领导和客户的挑剔，一遍遍地改稿已经够烦了，感觉自己写文案就是为了拿对等的工资，"给我多少钱，就办多少事"。

只满足于完成基本任务，你比别人缺少了很多思考和锻炼的机会，一定进步得比别人慢。

如果你运气好，遇到一个愿意带你的老师，那再好不过，而大部分时候，文案人是孤军奋战，数据报表就是最直接的反馈。但有的人没有机会看到数据报表，没有反馈便不知道自己做得到底怎么样？好还是不好？进展是快还是慢？

很多人停滞不前的主要原因之一就是没有得到反馈，每一次都是很盲目地去做，越来越陷入迷茫和困惑。这时候我们就要学会进行自我反馈，也叫作自检。可以采用下面几种方法：

（1）找到最佳的范例来进行比对，看看自己目前离最佳范例还差多少距离。

（2）你今天的工作是机械式完成，还是有意识地刻意提升？

（3）上次我做类似的事情，有什么做得不够好的地方？这次怎么改进？

（4）老板或客户让修改的稿子，是不是真的有道理？据我这么多年的实践，我发觉，大部分时候老板的意见是对的，他可能会比文案人站在一个更高更全面的角度去考虑问题。

（5）把写好的文案发到朋友圈或者 QQ 群，做一个小规模的投放测试，看看用户的反应。

9.5 保持创作状态

文案人最怕的，不是写出来的东西不符合要求，而是根本写不出来。因此要经常练笔，不要让手生疏，更不要让脑子生锈。

（1）查阅资料搜集信息是生发灵感的重要步骤，平时多看看其他人的成功案例。哪怕每天坐车上下班时多看看路边的户外广告，并进行思考：这则广告有什么核心诉求？它的目标用户是谁？这样做能否打动用户？如果换了我，会怎样来做？经常性地进行有意识的思维训练。

（2）想做 60 分文案，看书就够了；想做出 90 分的文案，见多识广是前提。讲出好故事的前提是听过很多好故事，多结识不同行业的人，听听他们的故事，多感受人间百态。

（3）笔耕不辍，才有灵感可言。长期封笔，脑子会生锈。只有尝试输出，输出的过程中才会迫使自己思考很多，而你思考得越多，就会产生越多的想法，从而培养成深度思考的习惯。

（4）思路很乱的时候，不要着急，把你能想到的所有想法写下来，画出来。

要知道好的点子都是从天马行空开始，别轻易否定自己脑中的灵光一现。

（5）灵感和素材都像山楂，最后可以串成糖葫芦。但写完之后一定要根据不同渠道予以整理、修改、完善。

文案人不要坐等灵感，有时候任务很急，等你感觉来了，黄花菜都凉了。只有养成经常创作的习惯，才能保证任何时候都能写出 80 分以上的文案。

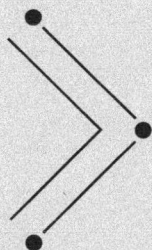

第 10 章

一个文案人的自省

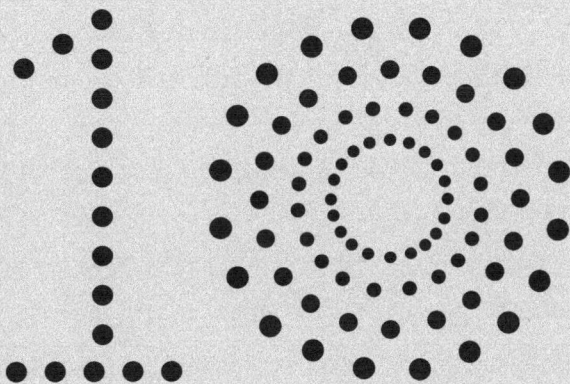

10

10.1　好文案能拯救烂产品吗？

我曾经接过一个案子，一个做婚纱摄影旅拍的老板，站在互联网的浪潮中，特别渴望转型，于是在天猫和微信都开了店。他找我的目的是希望我能给他包装几个爆品婚纱套系。

我看了他的套系后，发现从产品数量和专业设备甚至拍摄场景上，都并无特色。当然，这些还不算糟，略加包装，还是可以挖掘亮点的。但毁就毁在他家的拍摄技术真的不怎么样，无论是采光、取景、风格、创意都明显处于行业内中下水平。

更让我吃惊的是，老板还得意洋洋地说："其他家的类似套系只卖 5 000 元，我想把它打造成一个爆款，定价 7 999 元！你看看怎么包装！"

按理说，如果技术不太差劲的话，通过亮点挖掘、情感唤起、精准投放等各种手段，还是可以实现的。但是，样片就放在那里，用户的眼睛是雪亮的好吗？就像一件衣服，它的款式就摆在那里，一眼就看不上了，你再跟别人讲什么澳大利亚羊毛材质，真的有用吗？

最终我没有接这单活。无论天猫还是团购之类的平台，用户评价很重要！如果抛开产品和服务质量，仅靠文案可以拯救一个企业吗？很多传统企业的老板都犯了这样的错：想搭上互联网的顺风车，思维却还停留在传统营销里，想在交易平台上销售，产品却根本经不起货比三家。殊不知，过去信息不对称造成的价格虚高的时代已经结束了。

文案的作用在很多时候会被高估。2016 年的时候，我接到一个老板的电话，是一个认识多年的老熟人，做美肤美妆的。他说："我现在想融资开连锁店，能不能帮我写几句文案，让投资人一看就愿意投资的？"

我善意地拒绝了："您那么帅，还是刷脸来得快！"一来是这种找我写几句话文案的人，基本上是想让我免费出大力，这本身就是对文案人的不尊重。二来我了解他的这个项目，无技术含量可言。自己折腾了五六年了，一直没有太大起色。投资人手里有资金，也想让他们出钱，岂是几句文案就能搞定的？调查不可少吧？得让人知道市场前景如何吧？还要计算市盈率、投资回报周期、准入资金、股权比例和团队期权、时间节点、业务数据、趋势分析等，谁也不希望自己的钱投进去打水漂吧？

无论什么行业，销量是数字，都希望在 1 后面添加更多 0，营销人都明白产品就是这个 1，没有这个 1，后面的 0 没有任何意义。

文案做得再好，没有好的产品，根本就吸引不了别人的眼球。你以为小米手机卖得好，只是因为"为发烧而生"的文案吗？举个例子，有一天我在逛知乎时，看到有很多人讨论小米的一款电饭煲。其中有一个人说，这款电饭煲中看不中用，产品介绍的文案说是有 3 000 多种烹饪方法，结果买到之后发现考虑得并不周全，也没那么智能，没有半杯米的烹饪方法，一个人吃不了一杯米，每次都浪费。

原本这样一条评论，我看了之后都觉得有点吹毛求疵了，你自己吃半杯米，你按 1：1 比例自己加水不就可以了？但一段时间之后我又无意中看到了这个话题，奇葩评论下多了一个评论："可能小米公司看到你的评论了，现在电饭煲已经加上了半杯米的烹饪方法。"

看看吧，文案放出去的话，是需要产品和服务去落地的，否则就是欺骗。

伟大的文案人都散发着真诚的人性的光辉。明知是烂产品还要拼命鼓吹，推销给用户，那无异于助纣为虐。最受欢迎的人莫过于懂得所有内幕后还能恪守底线，依然选择真诚和坦率待人的人。如果以欺骗为出发点，还谈什么用户思维？

"双十一"的时候我在某宝上搜一款毛巾，看文案描述非常好——阿拉伯长绒棉，但是看了下评价，瞬间不想买了。

其中一个评价写道：在微信公众号看到广告，说这款毛巾非常亲肤，给女儿更多呵护，被感动了，链接到这家店铺下单，收到货后发现，太劣质了，商家就拿这样的劣质品给自己的女儿擦脸？失望，想骂人，把那个推荐产品的公众号果断取关。

一个经常帮助贩卖劣质产品的文案人，他的路能走多远？本书开头就说过，好的文案是要为结果负责的，那么，最终的问题出在产品上，你拿什么去负责？全是差评的产品，销量还会好吗？

差劲的文案可能拖垮一个公司，而文案存在的意义，就是不让好产品被辱没。今天有很多的互联网人分享文案营销，却很少谈企业本身和产品如何改进。这就好比买了一件首饰，是盒子重要还是首饰重要？如果首饰是假的，劣质的，空有一个华丽的包装盒，只会让人打开后产生更大的失望，这种强烈的反差导致传播越广，越是臭名远扬。

10.2　致迷茫中的文案人

每次与做文案的小伙伴们讨论，都会有很多这样的问题跳出来：

"前途好迷茫啊，文案人的未来出路在哪里？"

"做文案好迷茫，好忙碌，这个行业还有前途吗？"

"文案人的发展和出路在哪里，不做文案做什么？"

这些问题的背后，是一张张年轻而焦急的面孔。

曾几何时，文案也成了"青春饭"，30岁还在做文案，就被别人定义为失败。我听到过很多文案人吐槽，大体可归纳为以下几种困惑：

（1）我国的中小微企业数量是占据绝大多数的，而90%的从业者都是在中小企业做文案，70%的人在传统企业做文案，而这些公司的很多老板重销售轻文案，让从业者觉得文案人是一个螺丝钉似的边缘化的角色，甚至是一个很没有尊严的职业。

在某些老板眼里，文案等于文员、文秘、助理等所有和文字有关的工作，广告要写，公众号要更新，还要配图，老板的演讲稿要写，甚至公司食堂一个"今天停电，午饭推迟半小时"的通知也要文案人写。长此以往，当初入行的激情被磨灭，每天待在不足5平方米的格子间里码字，还是个没有赚到什么钱的失败者。

（2）文案的评判标准一直都在变。从之前的创意论、定位论，到产品优势论，再到如今的用户思维、大数据思维，还要针对不同媒体，迎合不同平台的玩法，被戏称为"算法文案"。很多人觉得，写得漂亮不如懂得平台规则，让很多文案人的创意激情降低。

（3）以前的传统文案人一个月做的活，现在的 social 文案一星期就要完成。工作速度快到没有仔细琢磨和推敲的时间。或者老板仅仅把广告理解成了"打折促销"的通知，每次都叫嚣着着急，让你快点出几句话。甚至你辛辛苦苦写出来的文案，在别人看来不如"甜过初恋"这样的民间俗句！这种拼体力又不讨好的工作方式让很多文案人感觉到成就感降低。而且文案与设计这一类技术性的岗位，因为与客户脱节，所以经常都是公司中最累但工资最低的。

也有工作三五年的文案人抱怨："其他职业还有可能是越老越值钱，像医生、律师，可文案人刚毕业的时候想入行，老板嫌你太嫩，等工作几年了再去面试，老板说，我们需要的是年轻的文案人，你懂'90 后'吗？"

但抱怨是没用的，我们所能做的是认清现实。不管是"70 后""80 后""90 后"，都有在这行做得很好的。顶尖的大牛，更是经过十几年甚至更长的文字积淀，才有了今天我们所能看到的破茧成蝶。

我并不想发什么"鸡汤"，但事实就是如此，当我望着某大 V 微信公众号里篇篇"10 万 +"的阅读量，羡慕之余，我翻看了她的博客，原来早在十年前，人家已经在博客里天天日更，吸粉无数了。

针对上面第一种困惑——你为什么把文案做成一件打杂的工作？还是问问自己吧！只有你的价值不够高的时候，老板才会舍得让你去做其他不相干的工作。如果你把自己练就到一定程度，你做出的文案的转化率就是比别人高，哪个老板愿意重金招聘进来的技术人员，把时间浪费在打印文件这样的琐事上呢？

至于处在第二种困惑的朋友，只能说，每个时代都是独特的，我们除了顺应趋势，一头扎进新时代的浪潮，还能怎么办呢？况且任何时代的广告人，关键竞争力都不仅仅是文字处理能力，而是学习力，以及解决问题的能力。互联网时代对文案人提出了新要求，要有用户思维，会分析数据，能针对不同平台和渠道设计不同文案，那我们就马上开始学习吧。

而第三种，把文案当作体力劳动的，有很多人入行之前根本没想好，自己是否真的喜欢或者擅长做文案？是否确定文案这条路就是自己的职业规划？如果目前你还不能改变什么，那就先改变态度吧！当你抱怨文案人没前途的时候，多少人羡慕你具备了这项技能！网店店主、微商、产品经理，都需要学会写文案！而你，已经比他们先行一步了。与其态度消极，拖延，逃避，不如跳出自己思维的怪圈。其实所有的行业都是这样——"围城外的人想进去，围城里的人想出来"，不管是科学家、医生、公务员还是明星，每个人都会担心未来，太确定的一眼能看到老的工作，会让人绝望；看不清未来路的，又会让人迷茫。

我们不必放大这种迷茫，也不要听到别人的焦虑后就真的长吁一口气。其实每个行业都是这样，只有做得好的人，才可以过得好。

当你真正掌握了一项技能的精髓，任何潮流都不会将你击败，只是换了战场，但英雄仍有用武之地。如果你的工作目的只是把客户的一个文案写得如何有创意，如何吸引人，那你研究文案的技巧仅处于术的阶段，那充其量是个高级打工仔。

其实我们中的很多人都有一颗不安分的心，并不甘心一辈子打工。数年后回过头来看，就会发现曾经迷茫中的自己是多么狭隘！做文案的人如果在长期工作中善于思考，都会慢慢历练出营销思维。你完全可以摆脱文案的禁锢，去做一切与营销有关的事情。下面是我的几点忠告吧：

（1）做文案时不要把自己当成一个螺丝钉，在做好自己本职工作的同时，也多去瞄一瞄旁边的同事在做什么，别的部门在做什么，逼着自己去掌握营销的精髓，而不是沉迷于抖一两个机灵。不仅限于去争取 3 万元月薪，而是想着如何用文案创造几百万甚至上千万元的价值。

（2）想做好文案，就不能拘泥于上班时间，而是要随时随地积累素材，包括看到好的广告语，别人说过的有意思的话，生活中遇到的有趣的事。

（3）学会快速地去了解这个时代，关注每一天发生的新鲜事，练就快速反应的本领。

（4）不管你现在有没有到 30 岁，你都该问问自己：未来你想做管理还是想做专家？

如果想做管理，你将来就是企划部总监或者自己创业，这意味着你需要协调与上级的工作，还要照顾下属的情绪。做专家，可以是乙方独当一面的策划人或企业的策划顾问、培训师。

　　首先你要了解自己的优劣势，包括专业和性格等方面，不要盲目地去争抢为数不多的管理岗位，不是所有人都适合做管理。就像演艺圈里很多明星"演而优则导"，有的成功了，有的却在转型为导演后也成了"票房毒药"。

　　优秀的文案人不一定能成为一个优秀的企划部总监。你可能会很苛刻地以自己的标准去要求别人。而且，问问自己更喜欢自己写出卖货的文案，还是帮助别人进步写出好文案？你愿不愿意提携新人，用比自己能力强的人？你是否愿意做太阳，去照亮别人的成就？做一个优秀的策划人主要考虑自己如何把事情做好，而一个优秀的企划部总监则需要跟多个部门协调，还要引导其他人将事情做好。

　　我做过企划部总监，也做过策划顾问，不同的选择有不同的乐趣和苦恼。其实在这个年代，会写作、懂营销的人有很多条路可以走。除了常见的晋升路子，你如果有幸接触到一个很好的项目，自己在营销方面又能运筹帷幄，说不定摇身一变就成了公司老总了。你也可以在工作几年后适时转型，比如转型成为一名自由工作者，去各大平台做营销培训，为企业提供营销咨询服务等。

　　最后，感谢邀我写书的编辑。在写书过程中，刚开始没有灵感下不了笔，把自己推向了一个新的焦虑，我才发现自己很多方面还很欠缺。然后规规矩矩整理了这么多年所学，总算厘清了个人的文案知识框架，也逼着自己读了近 50 本书。

　　当 10 万字敲完时，连我自己都吃惊。由此得出一个结论：焦虑是最无用的，逼着自己去行动。到最后你会发现，其实你以为困难的事也许没那么难。而你这么多年走过的路，每一步都作数。当一个阶段性的目标完成以后，你的自信和成就感都会暴增。